W0058490

Sympathien gewinnen

Cornelia Topf
Michael Reiter

Inhalt

Teil 1: Small Talk

Gewinnen mit Small Talk 9
- Was ist Small Talk? 10
- Passt Small Talk immer? 18
- Small Talk für Anfänger 21
- Verabschieden Sie Ihre Hemmungen 26

So plaudern Sie souverän 35
- Wie gelingt der „Kaltstart"? 36
- Gespräche auf Partys, Empfängen, Kongressen 40
- Wie führen Sie ein rundes Gespräch? 43
- So meistern Sie heikle Situationen in der Familie 54

Oberstes Small Talk-Gebot: Du sollst nicht langweilen! 65
- Themen, die anöden 66
- Marotten, die stören 71
- Meiden Sie Weitschweifigkeit 78
- Fragen verhindern Langeweile 83

Small Talk für Fortgeschrittene 85

- Taktische Fehler 86
- Gesprächskiller 89
- Vermeiden Sie Sprachmüll 96
- So werden Sie zum Small Talk-Profi 101

Small TalkTraining 119

- Das persönliche Lernprogramm 120
- Was Sie beim Training beachten sollten 123
- Seminare und Coaching 126

- Literatur 128

Teil 2: Ihre Ausstrahlung

Eine positive Ausstrahlung – aber wie?   **131**
- Die Basis einer positiven Ausstrahlung   132
- Was hat die Wahrnehmung Ihres Körpers mit
  Ihrer Ausstrahlung zu tun?   137
- Werden Sie authentisch!   141

Finden Sie Ihr inneres Gleichgewicht   **145**
- Mit einer zentrierten Körperhaltung gewinnen   146
- Im Einklang mit Ihrem inneren Rhythmus   153
- Natürlich-souverän sitzen und stehen   164
- Im Gang natürlich Haltung zeigen   183

Lassen Sie Ihren Körper sprechen   193
- Der Atem – Basis Ihres Wohlbefindens   194
- Entdecken Sie Ihre echte Stimme   200
- Was in Ihrem Gesicht geschrieben steht   207
- Ihr gestisches Spiel   217

Wie Sie auf andere wirken   229
- Selbst- und Fremdbild erkennen   230
- Sich und anderen natürlich-souverän begegnen   238
- Exkurs: Lachen mit Erfolg   245

Teil 1: Small Talk

Vorwort

Es ist wenig erstaunlich, dass sich so viele Menschen für die Kunst des Small Talks interessieren. Denn unsere fehlende Kompetenz in Bezug auf die harmlose Plauderei erleben wir täglich schmerzhaft.

Da läuft einem der oberste Chef über den Weg. Durch diesen Zufall könnten sich die tollsten Möglichkeiten ergeben. Wenn man bloß den Mund aufkriegen würde! Wieder eine Chance verpasst.

Wie wichtig Small Talk in Berufs- und Privatleben für den Erfolg ist, das ist vielen von uns klar. Doch wenn es darauf ankommt, wissen wir plötzlich nicht, was wir sagen sollen. Dabei ist die Fähigkeit, die rechten Worte zu finden, ganz einfach zu erwerben.

Jede(r) kann ein gewandter Small Talker werden. Auch Sie! Dieser TaschenGuide hilft Ihnen dabei. Viel Spaß und Erfolg wünscht Ihnen

Cornelia Topf

Gewinnen mit Small Talk

Warum wirkt Small Talk in vielen beruflichen und privaten Situationen wie ein Zaubermittel?

In diesem Kapitel lesen Sie,

- warum Small Talk mehr als oberflächliches Geplauder ist,
- welche Vorteile Ihnen gekonnter Small Talk im Berufsleben bringt,
- wie Sie Ängste loswerden und Hemmungen überwinden.

Was ist Small Talk?

Viele Menschen haben Sprechhemmungen und können nicht einfach drauflosplaudern. Auf Partys, bei Meetings, Geschäftsessen und anderen formellen und informellen Anlässen ist das manchmal sehr unangenehm.

Ein gewandter Small Talker zu sein bewahrt nicht nur vor peinlichen Situationen, sondern es kann auch beruflich weiterbringen. Im Beruf ist Fachkompetenz allein nicht alles. Sie wird oft als gegeben vorausgesetzt. Worauf es häufig ankommt, das ist die Fähigkeit „mit Menschen zu können".

Beispiel: Aufstieg an der Bar

Ein Mann und eine Frau sitzen an der Bar eines Hotels. Der Mann hat einen interessanten Anstecker am Revers und die Dame fragt ihn nach dessen Bedeutung. Man kommt ins Gespräch und redet angeregt über dies und das, auch über den jeweiligen Beruf. Die Dame lässt durchblicken, dass sie mit ihrer derzeitigen Position nicht zufrieden ist: „Bei uns im Unternehmen bringen es IT-Beraterinnen nicht allzu weit." Der Mann sagt: „Sie sind IT-Beraterin? Das ist interessant. Geben Sie mir doch mal Ihre Visitenkarte." Drei Wochen später ruft er an und bietet ihr eine regionale Vertriebsleitung in seinem Unternehmen an.

Sie sehen: Wie gut Sie „mit Menschen können", lässt sich sogar an der Bar beweisen. Das heißt, in einer Gesprächssituation, in der Small Talk gefragt ist. Small Talk macht Spaß und hilft, neue Kontakte zu knüpfen. Darüber hinaus kann er durchaus – ob beabsichtigt oder unbeabsichtigt – positive Folgen haben, nämlich wie in unserem Beispiel zum beruflichen Aufstieg verhelfen oder aber im Privatleben der Beginn einer Freundschaft sein.

Was ist an Small Talk anders?

Viele Äußerungen im Alltag sind tendenziell absichtsgeleitet und sachbezogen: „Drück doch nicht immer die Zahnpasta-Tube von oben her aus!" „Wann ist mein Auto fertig?" „Der Auftrag muss bis morgen raus!"

Small Talk dagegen ist zunächst absichtsfrei und vor allem beziehungsorientiert: „Wie geht's Ihnen so? Was macht die Familie?" Mit dem Gesprächsgegenstand selbst verfolgt man nicht das Ziel, den anderen zu einer bestimmten Handlung zu bewegen. Deshalb ist Small Talk, wenn man ihn beherrscht, ungezwungen und relativ offen für unterschiedliche Menschen und Themen. Man plaudert eben locker und unbeschwert.

Oberflächliches Geplauder?

Oft hört man das Vorurteil, Small Talk sei oberflächlich, kein „richtiges" Gespräch, und damit sinnlos. Zum einen ist dies ein Vorwurf, der ins Leere geht. Denn wer stundenlang anstrengende Arbeitsgespräche führen muss, der entspannt auch gerne bei etwas Oberflächlichkeit. Und der tägliche Plausch bietet durchaus geistige Anregungen.

Zum anderen werden solche Vorwürfe oft von Leuten vorgebracht, von denen Small Talk erwartet wird und die ihn nicht beherrschen (zum Beispiel beim Geschäftsessen oder bei einem Empfang). Es geht ihnen wie dem Fuchs in der Fabel:

Die Trauben hängen ihnen zu hoch, also behaupten sie einfach, dass sie sauer seien.

Small Talk bedeutet soziale Kompetenz

Die kommunikative Bedeutung von Small Talk ist enorm. Mit Small Talk überwinden wir die Distanz zum anderen. Wir „beschnuppern" uns und bereiten damit die Grundlage für den weiteren Kontakt. Wir erzeugen ein Gemeinschaftsgefühl und schaffen so das ideale Klima für weitere Gespräche. Oder lockern einfach nur die Atmosphäre auf.

> Unabhängig vom Gesprächsthema gilt: Wer andere anspricht und auf ihre Gesprächsangebote reagiert, mit ihnen über dies und das plaudert, signalisiert dadurch sein Interesse an ihnen.

Wer die Kunst des Small Talks beherrscht, „kann gut mit Menschen". Er kann auch mit fremden Menschen in ungewohnten Situationen Kontakt herstellen. Er erweist sich als sozial kompetent. Small Talk befähigt ihn zwar noch nicht zur Mitarbeiterführung. Aber wer nicht locker plaudern kann, dem wird es schwer fallen, andere zu motivieren und zu führen – das können Ihnen Mitarbeiter bestätigen, die einen Vorgesetzten haben, der „den Mund nicht aufkriegt".

Was Sie vom Small Talk haben

Bei der zunächst unverbindlichen Plauderei werden Beziehungen geknüpft und gefestigt, Vertrauen hergestellt, Geschäftskontakte angebahnt oder neue Freunde gewonnen. Wie das funktioniert? Man kommt ins Gespräch, stellt schon bald gemeinsame Interessen fest und findet ganz leicht zu den Themen, die „eigentlich" interessieren. Small Talk ist der beste Einstieg für „das Eigentliche".

Einfach nur zum Spaß oder gezielt eingesetzt

Die Kunst des kleinen Gesprächs bringt reichen Segen. Small Talk ...

- ... ist ein Karrierefaktor: Von zwei gleich kompetenten Bewerbern wird der bessere Small Talker befördert bzw. eingestellt.
- ... ist ein Türöffner in neuen, ungewohnten Situationen.
- ... ist die beste Möglichkeit, mit fremden Menschen schnell in Kontakt zu kommen.
- ... ist eine gute Gelegenheit, Kontakte zu Menschen aufzubauen, die man braucht (Networking).
- ... stellt eine persönliche Beziehung zu Menschen her.
- ... schafft in Gesprächssituationen eine freundliche, aufgelockerte Atmosphäre und baut Spannungen ab.
- ... hilft Ihnen, bei anderen ein positives Bild von sich selbst zu erzeugen.
- ... entkrampft schwierige Gesprächssituationen.
- ... dient der Unterhaltung und Entspannung.

Small Talk ist ein Schlüsselfaktor für den beruflichen Erfolg. Eine Studie des amerikanischen Center für Workforce Development zeigte, dass Mitarbeiter siebzig Prozent ihres Wissens über ihren Job und ihre Firma durch Schwätzchen mit den Kollegen erfahren. Grundlegende Bereiche wie Teamarbeit oder die Firmenphilosophie gehören danach ebenso zu den Plauderthemen wie konkrete Tipps zur Erledigung bestimmter Aufgaben.

Manipulieren mit Small Talk?

Viele befürchten, dass man mit gekonntem Small Talk Menschen hemmungslos manipulieren, sie „einwickeln" kann. Wie oft haben wir schon Aufgaben übernommen, die wir eigentlich nicht wollten? „Aber ihr kann ich einfach nichts abschlagen!" Weil wir so schön mit ihr geplaudert und deshalb einen sympathischen und vertrauenswürdigen Eindruck von ihr bekommen haben.

Ist das Manipulation? Das kommt auf die Definition an. Manipulieren heißt: Jemanden mit unfairen Mitteln zu bestimmten Handlungen bewegen, um die eigenen Ziele und Absichten durchzusetzen. In diesem Sinne ist Small Talk nur dann Manipulation, wenn er unfair ist.

Aber Small Talk ist in der Regel nicht unfair. Warum? Weil der Gesprächspartner nicht in seinem Recht beschnitten wird, seine Interessen zu vertreten. Und vor allem, weil er den Small Talk und die damit verbundene Aufmerksamkeit so genoss, dass er quasi als Gegenleistung die ungeliebte Aufgabe übernahm. Resultat: Beide Gesprächsteilnehmer haben dabei gewonnen, ein fairer Tausch also.

Deshalb ist Small Talk ein hervorragendes Instrument, um bestimmte Ziele zu erreichen. Natürlich sind die Grenzen zur Manipulation dabei fließend. Deshalb ist es umso wichtiger, sich bewusst zu machen, welche Folgen der manchmal also nur scheinbar unverbindliche Small Talk haben kann: Wenn Sie selbst mit Small Talk erfolgreicher werden möchten, aber auch, wenn Sie einem Small Talk-Profi begegnen – lassen Sie sich nicht einfach um den Finger wickeln!

Small Talk verschafft Ihnen Vorteile

Wir haben gesehen, was an Small Talk anders ist und was er Ihnen bringen kann. Sehen wir uns nun konkrete Situationen an, in denen Ihnen das kleine, oberflächliche Gespräch große Vorteile verschaffen kann. Nutzen Sie solche Momente! Immer, konsequent und zielstrebig. Eben wie ein echter Small Talk-Profi.

Small Talk mit Führungskräften

Gelingt Ihnen ein kleiner Small Talk mit einem Vorgesetzten, kann das für Sie ein unschätzbarer Vorteil sein. Ihre Kollegen trauen sich nämlich vielleicht nicht, diese Person anzusprechen. Durch das kleine Gespräch machen Sie auf sich aufmerksam und können Pluspunkte sammeln. (Wie Sie Ihre Hemmungen im Gespräch mit Autoritäten ablegen, erfahren Sie im Kapitel „Verabschieden Sie Ihre Hemmungen".)

Beispiel: Unverhoffte Begegnung im Aufzug

Silke Wittmann steht mit Kollegen im Fahrstuhl. Kurz bevor sich die Türen schließen, hetzt der Finanzchef des Unternehmens herein. Silke meint: „Meine Güte, Sie bewegen sich schneller als die meisten Zwanzigjährigen in diesem Gebäude." Der Finanzdirektor schmunzelt und macht eine charmante Bemerkung. Silke sagt: „Übrigens, ich bin Silke Wittman aus dem Export, Herr Doktor Kleinschmitt." Der Finanzchef ist beeindruckt: Silke ist kommunikativ, kann sich artikulieren – und spricht ihn mit dem Namen an, inklusive akademischem Grad.

In der nächsten Vorstandssitzung erwähnt er die Begegnung beiläufig gegenüber dem Exportchef und kommentiert: „Mit der Wittmann scheinen Sie ja einen guten Fang gemacht zu haben." Dem Exportchef ist Silke bislang nicht aufgefallen. Das hat sich nun geändert.

Wann immer Sie einem „großen Tier" begegnen, kann ein Dreißig-Sekunden-Small Talk mehr wert sein als Wochen harter Arbeit.

Der Chef aller Chefs hetzt vorbei

Noch ein Beispiel dazu: Im Gang begegnen Sie unvermutet dem Vorstandsvorsitzenden Ihrer Firma. Viele Menschen blicken in einem solchen Augenblick zur Seite, gehen rasch weiter und murmeln einen halb verständlichen Gruß. Schade! Denn das ist eine verpasste Gelegenheit.

> Führungskräfte sollten Sie immer ansehen und grüßen! Mit einem freundlichen Blick, einem Lächeln, indem Sie dem anderen den Körper zuwenden und ihn mit Titel und Namen anreden.

Also zum Beispiel: „Guten Morgen, Herr Direktor Meier!" Dr. Meier wird vielleicht nur ein flüchtiges „Morgen" murmeln – aber Sie sind ihm aufgefallen. Und das möchten Sie. Beim zweiten oder dritten Mal hält Dr. Meier inne und das nutzen Sie zur Vorstellung: „Ich bin Andrea Schmitt aus der Bilanzbuchhaltung." Treffen Sie ihn erneut, hat er Ihren Namen vermutlich wieder vergessen. „Guten Tag Herr Direktor Meier. Sie erinnern sich vielleicht an mich, ich bin Andrea Schmitt aus der Bilanzbuchhaltung." Doch beim nächsten Mal erkennt er Sie wieder – und dann können Sie ein kleines Gespräch anknüpfen.

Zugegeben, am Anfang kostet das ein bisschen Mut. Aber wenn Sie mal nachdenken: Alles, was sich lohnt, kostet am Anfang Mut. Die erste Tanzstunde, das erste Bewerbungsgespräch, der Heiratsantrag ...

Kontakte knüpfen

Beispiel: Das Schweigen im Frühstücksraum

In einem Frankfurter Hotel sitzen zur Messezeit im Frühstücksraum lauter Verkäufer und Geschäftsleute. Alle sind schweigend und grußlos hereingekommen und haben sich weitgehend stumm gesetzt. Das muss man sich vorstellen! Menschen, die fürs Verkaufen, Reden und Geschäftemachen bezahlt werden, sitzen stumm wie die Fische da.

Dann kommt Peter Panczak. Mit einem Kopfnicken und einem Lächeln grüßt er die Menschen, an denen er vorbeigeht. Am Büfett sagt er zu seinem Nachbarn: „Der Lachs sieht aber gut aus. Haben Sie ihn schon probiert?" Man wechselt ein paar Worte.

Am selben Tag laufen sich die beiden auf der Messe über den Weg. Der Frühstücksnachbar erkennt Peter wieder und knüpft nun seinerseits ein Gespräch an. Es stellt sich heraus, dass er ein millionenschwerer Einkäufer ist. Peter hat einen neuen Interessenten gewonnen – am Frühstücksbüfett!

Reden Sie mit möglichst vielen Leuten ein paar Takte. Sie erfahren nie, welcher wertvolle und wichtige Mensch neben Ihnen steht, wenn Sie ihn nicht ansprechen.

Selbst wenn sich von zehn Kontakten nur einer als nutz-
bringend herausstellt, ist das eine tolle Quote – denn ohne
den Small Talk hätten Sie nicht einmal diesen einen gewonnen. Außerdem hatten Sie bei den restlichen neun Ihren Spaß
und haben viele neue Menschen kennen gelernt.

Passt Small Talk immer?

Achtzig Prozent unserer täglichen Kommunikation sind im
Grunde nichts anderes als kleine Wortplänkeleien. Deshalb
ist Small Talk so wichtig. Trotzdem ist die Verunsicherung in
Bezug auf Small Talk bei vielen Menschen groß. Die meisten
wissen nicht genau, in welchen Situationen er geradezu eine
gesellschaftliche Verpflichtung und wann er ein unverzeihli-
cher Fauxpas ist.

Wichtig ist, dass Sie sich fragen: In was für einer Situation
befinde ich mich? Ist ein kleines Gespräch nützlich, erwünscht
oder sogar ein absolutes Muss? Oder wäre es jetzt vollkommen fehl am Platz? Gehen wir einige typische Situationen
durch.

Wann Small Talk erwartet wird

Es gibt Situationen, in denen von Ihnen erwartet wird, dass
Sie Small Talk pflegen – Sie sind quasi zum Small Talk verpflichtet. Dazu gehören Partys, Empfänge, Besuche von Geschäftspartnern oder Kaffeepausen bei Tagungen und Besprechungen.

> In fast allen Situationen, in denen Menschen versammelt sind, ist Small Talk nützlich und hilfreich.

Wenn Sie in diesen Situationen schweigen wie ein Fisch, könnte das peinlich auffallen. Oder die anderen nehmen Sie schlicht nicht wahr. Je höher Ihre Position in einem Unternehmen, je größer Ihre Ambitionen oder je stärker Ihr Wunsch, von anderen akzeptiert und als sympathisch wahrgenommen zu werden, desto zwingender wird diese Verpflichtung zum Small Talk.

Kommen Sie ihr nicht nach, dann könnte Ihnen das passieren, was einem leitenden Angestellten eines Elektrokonzerns jüngst passierte.

Beispiel: Die verpasste Beförderung

 Als im Zuge einer anstehenden Beförderung das Gespräch auf Manfred Müller kommt, sagt der Geschäftsführer: „Der Müller? Ein guter Mann. Macht aber auf dem gesellschaftlichen Parkett eine schlechte Figur." Damit spielt er darauf an, dass Manfred Müller sich bei einem Essen für einen wichtigen Kunden nicht so versiert am Dinner-Gespräch beteiligt hat, wie man es von einem Repräsentanten des Unternehmens erwartet.

Im Beruf kann die Fähigkeit zum Small Talk ab einer bestimmten Hierarchieebene entscheidend zum Vorwärtskommen beitragen. Auch gesellschaftlich ist Small Talk wichtig: Einen netten Plauderer lädt man gern wieder ein.

Small Talk in der Beziehung

Wie wichtig das kleine Gespräch in der Partnerschaft ist, wissen wir alle. Denken Sie nur an die Horrorszenen aus Film und Fernsehen, wo sich die Eheleute am Frühstücks- und Mittagstisch, im Urlaub, nach Feierabend, vor dem Einschlafen oder nach dem Aufwachen anschweigen. Dann hagelt es Vorwürfe von beiden Seiten. „Du redest nie mit mir!" „Deine Zeitung ist dir wichtiger als ich!" „Mit dir kann ich eben nicht über meine Arbeit reden!"

Die meisten Beziehungen gehen kaputt, weil die Partner nicht gelernt haben, miteinander zu reden. Damit sind nicht nur die großen Worte zu Heirat, Kinder und Haus gemeint. Nein, es geht auch um den kurzen, freundlichen Dialog beim Nach-hause-Kommen, um die freundschaftliche Begrüßung, die Frage nach dem Tagesverlauf des anderen – Small Talk eben. Small Talk kann dazu beitragen, dass Ehen und Beziehungen lebendig bleiben und länger halten.

Wann Small Talk „verboten" ist

Natürlich gibt es Situationen, in denen ein Small Talk nicht angebracht ist. Wenn sich zum Beispiel der beste Freund eben von seiner langjährigen Partnerin getrennt hat, ist es eine Todsünde, ein Gespräch über das Wetter zu beginnen. Hören Sie auf Ihr Gefühl, den gesunden Menschenverstand, um einschätzen zu können, ob Small Talk passt oder nicht.

Verlassen Sie sich auf Ihr gesundes Einfühlungsvermögen, um zu erkennen, wann Small Talk nicht angebracht ist.

Small Talk ist nicht gleich Small Talk

Zaghafte, schüchterne oder im Small Talk unerfahrene Menschen drücken sich oft in Situationen um einen Small Talk, in

denen er nötig wäre. Nehmen wir die angesprochene Tren-
nung: Der Freund will zwar nicht, dass Sie übers Wetter reden.
Er erwartet jedoch, dass Sie in aller Kürze etwas zu seiner
persönlichen Situation sagen.

Wenn Ihnen nichts einfällt, liegt das vermutlich daran, dass
Sie sich unter Druck setzen: „Oje, was sage ich denn jetzt?
Was könnte ihn trösten?" Vergessen Sie diese Stimmen im
Kopf einfach. Fragen Sie sich stattdessen, was Sie an der
Situation interessiert – und schon haben Sie Dutzende Fragen
und Bemerkungen, mit denen Sie ein Gespräch unter Freun-
den beginnen können: Warum habt ihr euch getrennt? Wie
fühlst du dich? Was hat sie gesagt?

Checken Sie die Erwartungshaltung des anderen

Es gibt noch eine Situation, in der Small Talk prinzipiell
unangebracht ist: wenn konkrete Informationen von einem
erwartet werden. Kennen Sie das? Ihr Gesprächspartner redet
und redet – übers Wetter, die Familie, den Fußball. Und Sie
warten fingertrommelnd darauf, dass der Dampfplauderer
endlich mit dem Verkaufsbericht herausrückt.

> Fragen Sie sich: Erwartet der andere etwas Konkretes von mir? Wenn
> nicht: grünes Licht für Small Talk!

Small Talk für Anfänger

Die meisten Menschen kennen die Vorteile des Small Talk
recht gut. Sie reagieren im Alltag oder in Seminaren meist so

darauf: „Natürlich weiß ich, wie nötig und nützlich Small Talk ist, aber ich lerne das nie!" Dass sie sich selbst deshalb oft Vorwürfe machen, ist zwar verständlich, aber im Grunde unberechtigt. Haben Sie als Anfänger Nachsicht mit sich. Denn was Sie nicht gelernt haben, das können Sie auch nicht beherrschen.

So werden Sie Ihre Angst los

Wenn Menschen nicht gut plaudern können, liegt das meistens daran, dass sie Angst haben. Angst, sich zu blamieren, keine Worte zu finden, hängen zu bleiben ...

Erinnern Sie sich!

Sie können Ihre Ängste und Hemmungen relativ rasch loswerden, wenn Sie ein wenig in der Vergangenheit herumstöbern. Wann hatten Sie das letzte Mal so richtig Spaß in einer Gruppe oder mit einem anderen Menschen? Haben Sie dabei auch geredet? Mit Sicherheit. Ist Ihnen aufgefallen, wie locker, gelöst, sprachgewandt, witzig, schlagfertig, geistreich und zufrieden, ja glücklich Sie dabei waren?

Seltsam, nicht? Haben Sie in dieser Situation krampfhaft nach Worten gesucht? Haben Sie sich gefürchtet, hängen zu bleiben oder etwas Dummes zu sagen? Haben Sie dabei eine Sprechhemmung gehabt? Nein, gewiss nicht. Warum nicht? Aus einem ganz einfachen Grund: Jeder ist ein Small Talk-Genie – in ganz bestimmten Situationen. Warum? Auch das hat einen simplen Grund: Sie haben Interesse.

Die Essenz des Small Talks

So einfach ist das. Interesse ist die Essenz des Small Talks. Wenn Sie Interesse für etwas haben, wissen Sie immer, was Sie sagen sollen. Vor allem: Dann haben Sie keinerlei Angst, keinerlei Hemmungen mehr vor einem Gespräch. Oder ist es Ihnen schon mal passiert, dass Sie sich brennend für eine Mallorca-Reise interessierten und nicht wussten, was Sie mit der Angestellten im Reisebüro reden sollten? Gewiss nicht.

Interesse überwindet jede Sprechbarriere. Sobald Sie genügend Interesse aufbringen, wird jede Hemmung verfliegen, und es wird Ihnen jedes Gespräch gelingen.

Entdecken und kultivieren Sie Ihr Interesse

Um Ihre Sprechhemmungen zu überwinden, müssen Sie also erst einmal Interesse an einem Thema oder an einer Person aufbauen. Dann werden Sie Ihre Angst zu sprechen buchstäblich vergessen. Wenn das Interesse größer ist als die Angst, verschwindet sie.

Das interessiert mich aber nicht!

Viele Menschen stoßen bei Ihren Überlegungen auf ein überraschendes Hindernis: „Ich muss mich beim Opernabend mit den Leuten unterhalten können – aber ich interessiere mich nun mal nicht für Opern!"

Uns Menschen ist die Neugier angeboren. Denken Sie nur an die neugierigen Fragen eines Dreijährigen! In diesem Alter waren wir alle unerschöpflich neugierig. Diese Neugier ist im Laufe unseres Lebens nicht verschwunden, nur verschüttet. So seltsam es klingt: Die meisten Menschen wissen lediglich nicht mehr, was sie interessiert. Sie müssen ihre Interessen erst wieder neu entdecken.

Wofür interessieren Sie sich?

Jeder Mensch hat ganz spezifische Interessen. Folgende Fragen helfen Ihnen das herauszufinden, bevor Sie sich mit jemandem unterhalten. Ihr Gegenüber interessiert sich zum Beispiel

- für Sachthemen: Was weiß der, mit dem ich gleich reden muss, über ein Thema, das mich interessiert?
- für Menschen: Was ist sie für eine Person? Was mag sie, was nicht? Was liest, sieht, hört, isst sie gern?
- für Emotionen: Wie geht es ihm? Wie fühlt er sich? Warum sieht er so bedrückt oder fröhlich aus? Was denkt er über dies oder jenes?

Wofür interessieren Sie sich? Überlegen Sie mal. Es dürfen ruhig mehrere Interessen sein. Je mehr, desto besser.

> Halten Sie Ihre Hauptinteressen als Rettungsanker für den Small Talk bereit. Wann immer Sie in Schwierigkeiten geraten, besinnen Sie sich darauf. Damit lösen Sie jede Sprechhemmung.

Kein Fortschritt ohne Neugier

Haben Sie keine Scheu vor Neugier! Sie ist die Triebfeder aller wesentlichen Fortschritte. Einstein beispielsweise hat die

Relativitätstheorie nicht aus Langeweile entwickelt, sondern weil er neugierig war. Je neugieriger Sie sind, desto besser für Sie und Ihre Gesprächspartner. Selbst wenn die Oper Sie nicht interessiert, können Sie sich für die Besucher, die Kostüme, die Snacks in der Pause und vieles mehr interessieren.

Interesse zu entwickeln heißt nicht, andere auszufragen. So klug sind wir alle, dass wir eine gesunde, erfrischende Neugier von einem KGB-Verhör unterscheiden können. Man kann auch auf höfliche Weise neugierig sein. Insbesondere den Älteren unter uns hat man im Elternhaus eingetrichtert: „Sei nicht so neugierig!" Man hat uns suggeriert, dass Neugier etwas Unanständiges sei. Das Gegenteil ist der Fall: Neugier bedeutet, dass Sie sich für etwas oder für einen Menschen interessieren. Und das schmeichelt dem anderen. Jeder möchte beachtet werden, Aufmerksamkeit erlangen. Also: Seien Sie neugierig. Die Menschen um Sie herum mögen das.

Probieren Sie es aus!

Machen Sie die Probe aufs Exempel. Denken Sie an einen Menschen, den Sie nachher oder morgen mit hoher Wahrscheinlichkeit treffen werden und mit dem Sie bislang nie oder selten ein Wort gewechselt haben. Suchen Sie sich dafür jedoch nicht gleich einen „Problemkunden" wie den Vorstandsvorsitzenden Ihrer Firma oder Ihren heikelsten Nachbarn aus.

Auch für Ihr Small Talk-Training gilt: Beginnen Sie klein. Vom Leichten zum Schwierigen.

Wählen Sie zum Beispiel den Schaffner im Zug, einen Mitreisenden in der S-Bahn, eine fremde Kollegin, einen Bekannten etc. Dann fragen Sie sich:

- Wo hake ich bei ihm oder ihr ein?
- Was interessiert mich an ihm oder ihr?
- Was interessiert mich, das er oder sie wissen könnte?

Formulieren Sie eine unverbindliche Frage oder eine höfliche Bemerkung – und schon haben Sie einen Gesprächsanfang.

Verabschieden Sie Ihre Hemmungen

Es gibt Menschen, die von sich sagen: „Ich kann einfach nicht frei und ungezwungen reden!" Ich verstehe, wenn Sie so denken und fühlen. Vor allem, wenn Sie gerade einen interessanten Menschen kennen gelernt und wieder kein vernünftiges Wort herausgebracht haben.

Die Gedanken machen sich selbstständig

Warum gelingt uns in Situationen, in denen es „drauf ankommt", meist kein vernünftiger Satz? Das hat einen einfachen Grund: unsere Gedanken und Sorgen über uns und die Situation.

Was geht Ihnen im entscheidenden Moment durch den Kopf?

Denken Sie an eine Situation, in der es Ihnen bisher schwer fiel oder gar nicht gelang, einen Small Talk zu führen. Stellen Sie sich den oder die konkreten Gesprächspartner vor, mit denen Sie besondere Schwierigkeiten hatten, ins Gespräch zu kommen. Welcher Gedanke schießt Ihnen dazu automatisch durch den Kopf? Meist sind es Gedanken wie:

- „Worüber soll ich bloß mit ihm reden?"
- „Ich muss eine gute Figur machen."
- „Was soll er von mir denken, wenn ich ..."

Welche Gedanken gehen Ihnen noch durch den Kopf? Sie wissen inzwischen, dass Sie mit Hilfe einer gesunden Neugier auf Personen und Dinge jede Small Talk-Situation meistern können. Doch genau dieses rettende Interesse wird durch solch negative Gedanken unterdrückt. Wer Angst hat, sich zu blamieren, kann keine gesunde Neugier entwickeln. Die Furcht vor Ablehnung und Blamage ist stärker als das Interesse. Wann immer Ihnen solche Gedanken durch den Kopf gehen, besinnen Sie sich also auf Ihr Interesse an Ihrem Gegenüber oder an der Situation.

Wettstreit zwischen Gedanken und Interesse

Dazu reicht es schon aus, dass Sie Ihre Aufmerksamkeit auf Ihre Gedanken richten und sie als solche identifizieren: Es sind Gedanken, Ängste – keine Tatsachen. Machen Sie sich bewusst, dass diese Gedanken das lähmen, was Sie weiterbringen könnte. Machen Sie sich klar, was Sie diese Gedanken kosten. Konzentrieren Sie sich dann auf Ihr Interesse an Situation oder Gesprächspartner, und die Gedanken werden verschwinden.

Dieser Wettstreit zwischen Ihren Ängsten vor Zurückweisung und Blamage einerseits und Ihrem rettenden Interesse andererseits wird immer stattfinden. Selbst erfahrene Small Talker werden von Sorgen heimgesucht. Doch im Gegensatz zum Anfänger wissen sie, wie sie damit umgehen können: Sie tragen diesen Wettstreit bewusst aus und verhelfen ihrem Interesse zum Durchbruch.

> Versierte Small Talker lassen sich nicht durch die Stimmen im Kopf aus dem Konzept bringen.

Allheilmittel Interesse

Natürlich ist mangelndes Interesse nicht der einzige Grund für Hemmungen beim Small Talk. Einige weitere Gründe behandeln wir in diesem Kapitel ausführlich: die Stimmen im Kopf, die Furcht vor dem worst case, die Einflüsterungen des inneren Kritikers, überzogene Erwartungen, um nur einige zu nennen. Es gibt viele Gründe für die Small Talk-Angst. Das Interesse am Gegenüber oder dem Thema hilft in vielen Fällen.

> Es gibt viele Ursachen für Sprechhemmungen. Aber nur ein Mittel, das zugleich einfach, praktikabel, effizient und effektiv ist: aufrichtiges Interesse.

Besänftigen Sie die Stimmen in Ihrem Kopf

In vielen Situationen würden Sie Ihrem natürlichen Interesse am Small Talk liebend gern Vorrang geben. Doch wie soll das gehen, wenn Ihnen ständig Gedanken durch den Kopf spuken wie:

- „Warum soll er sich mit mir abgeben?"
- „Ich habe doch viel weniger Ahnung davon als er!"
- „Sie ist so toll und ich bin bloß eine kleine Verkäuferin!"

Treiben Sie es ad absurdum!

Diese Stimmen, Gedanken oder Gefühle haben mit dem Selbstwertgefühl zu tun und sagen mehr oder weniger: „Ich bin es nicht wert, dass er/sie mit mir redet."

Nehmen Sie den störenden Gedanken ruhig wahr, denken Sie ihn aber weiter: „Ich bin nur ein Sachbearbeiter und er der große Finanzvorstand. Also wird er sich nicht mit mir unterhalten." Wenn Sie den Gedanken bis an diese Stelle fortspinnen, erkennen Sie, wie absurd er ist: Eine Führungskraft verweigert ein belangloses Gespräch mit einem Mitarbeiter? Unwahrscheinlich, denn gerade beim Small Talk spielen fachliche Kompetenz oder Hierarchien keine große Rolle, sondern das Interesse, dass Sie jemandem entgegenbringen.

Das Worst Case-Szenario

Wenn uns der Mut für ein Gespräch fehlt, liegt das meist daran, dass wir keine Zurückweisung riskieren wollen. Also lassen wir es lieber gleich. Es gibt bessere Lösungen!

Was kann schon passieren?

Das Problem an der Angst vor der Zurückweisung ist, dass die Angst schlimmer ist als die Zurückweisung.

Warum sprechen wir einen interessanten Menschen nicht an, wenn wir ihn sehen? Weil wir die Abfuhr fürchten. Wenn Sie diese Angst bei sich entdecken, fragen Sie sich: Was kann schlimmstenfalls passieren? Sie werden sich wundern.

Denn selbst wenn wir uns die schlimmste Zurückweisung ausdenken, fällt uns dabei auf: Es tut nicht weh wie ein gebrochenes Bein. Ich werde weder Gesundheit noch Job dabei verlieren. Es kostet mich kein Vermögen. Damit reduziert sich die Furcht bereits beträchtlich.

Was aber, wenn andere über Sie lachen? Dann lachen Sie mit und sagen: „Tja, ging gründlich schief. So ist das Leben. Wenigstens habe ich's probiert." Im Gegensatz zu den Lachern – und damit sind Sie derjenige, der zuletzt lacht.

Die Angst vor der Blamage

Stellen Sie sich den schlimmsten Fall vor: Was könnte schlimmstenfalls passieren, was könnte der andere sagen, von Ihnen denken? Dann stellen Sie sich vor, wie Sie überlegen und abgeklärt darauf reagieren werden. Sobald Sie sich dieses „Hintertürchen" für den worst case ausgedacht haben, verschwindet die Angst. Denn selbst wenn es in der Gesprächssituation zum Schlimmsten kommen sollte, wissen Sie, was Sie tun müssen.

Das ist es nämlich, was unsere Angst verstärkt: Meist fürchten wir noch mehr als die Blamage selbst, dass wir nicht mit ihr umgehen können.

> Wenn Sie wissen, wie Sie mit einer Situation umgehen können, verschwindet die Angst davor.

Den inneren Kritiker managen

Wie wir gesehen haben, schwirrt uns der Kopf vor einem kleinen Gespräch nur so vor hemmenden Gedanken. Doch auch während eines Gesprächs kommen solche Gedanken immer wieder hoch:

- „Was rede ich denn da wieder?"
- „Meine Güte, das versteht doch keiner!"
- „Schon wieder verhaspelt – ich blamiere mich!"

Diese Gedanken lassen sich auf einen Nenner bringen: „Was ich sage, ist nicht gut genug!" Das sind typische Gedanken des inneren Kritikers. Sie halten viele Menschen davon ab, sich an einem Gespräch zu beteiligen. Oder sie verleiten sie dazu, dies nur sehr gehemmt zu tun. Jeder von uns kennt den inneren Kritiker.

Vertrauen Sie diesbezüglich nur einem Urteil: dem Ihres Gesprächspartners.

Was der innere Kritiker sagt, entspricht meistens nicht der Realität. Das sieht man an den Reaktionen der Zuhörer: Während der Sprechende sich gerade schlimmste Selbstvorwürfe macht, hängen die Zuhörer an seinen Lippen. Ihnen ist es nämlich egal, wie oft er sich verhaspelt. Sie sind nur an dem interessiert, was er zu sagen hat. Außerdem verhaspeln sie sich genauso oft.

Niemand will ein perfektes Gespräch

Die Menschen möchten sich mit Ihnen unterhalten – das ist alles. Tun Sie ihnen den Gefallen. Wann immer also der innere Kritiker wieder meint: „Das ist nicht gut genug formuliert!", erwidern Sie: „Mag sein, doch das spielt keine Rolle. Schau dir die Leute an – die haben ihre Freude an dem Gespräch. Also lass mich in Ruhe!" Wenn wir uns konstruktiv mit ihm auseinander setzen, schweigt der innere Kritiker – und meldet sich in Zukunft immer seltener zu Wort.

Stellen Sie keine zu hohen Ansprüche

Viele Menschen, die aufgrund ihrer beruflichen Position Small Talk führen müssten, schaffen es nicht. „Das ist alles so banal und abgedroschen! Ich kann es nicht glauben, dass Menschen sich mit solchen Plattheiten abgeben!", sagen sie.

Mit dieser Einstellung im Hinterkopf ist kein Small Talk zu machen; da helfen alle Tipps der Welt nicht. Sie brauchen eine positive Haltung. Wenden Sie zur Verwandlung einer negativen Einstellung in eine positive dieselbe Technik an wie bei der Überwindung des inneren Kritikers: Diskutieren Sie den hinderlichen Gedanken mit sich.

Positive Einstellungen finden

Das geht etwa so: „Stimmt, das ist alles super oberflächlich. Aber deshalb machen die Menschen doch Small Talk! Nicht um schweißtreibend tief zu schürfen, sondern um sich zu entspannen."

Wenn Sie nichts für das Small Talk-Motiv Entspannen übrig haben, suchen Sie nach einem anderen Motiv: Kontakte knüpfen und pflegen, interessante Informationen herausfinden, Spannungen abbauen und ein gutes Gesprächsklima für weitere Kommunikation schaffen. Sie werden bald feststellen, dass Small Talk viel Spaß macht, auch wenn er an der Oberfläche bleibt.

So plaudern Sie souverän

Der Anfang ist mitunter das Schwerste am Small Talk. Aber auch, wenn das Gespräch ins Stocken gerät, helfen einige Techniken schnell weiter.

In diesem Kapitel lesen Sie, wie Sie

- den Small Talk beginnen,
- auf Partys und Empfängen mit Gruppen ins Gespräch kommen,
- ein gemeinsames Thema finden,
- den Small Talk am Laufen halten und
- ihn beenden bzw. zum eigentlichen Thema überleiten.

Wie gelingt der „Kaltstart"?

Die richtige Einstellung ist die halbe Miete

Die größten Hemmungen haben angehende Small Talker erfahrungsgemäß beim „Kaltstart": „Ich habe diesen Menschen noch nie gesehen und soll jetzt mit ihm reden? Unmöglich! Über was denn?"

Das Glas ist halb voll, nicht halb leer

Erfahrene Small Talker denken anders: „Ich habe ihn noch nie gesehen – also gibt es wahnsinnig viel, das ich über ihn herausfinden kann! Toll!" Mit dieser Einstellung läuft es beim Small Talk schon fast wie von allein, denn die Neugierde ist dabei ein guter Motor.

Was interessiert Sie?

Wenn Sie im Stress des Erstkontaktes nicht in der Lage sind, auf „positive Einstellung" umzuschalten, behelfen Sie sich wie folgt: Fragen Sie sich, was Sie an Ihrem potenziellen Gesprächspartner interessiert. Das kann selbst bei einem Menschen, den Sie kaum oder gar nicht kennen, eine ganze Menge sein:

- „Lieber Herr Meier, mein Chef hat Sie angekündigt – aber mehr als Ihren Namen weiß ich nicht von Ihnen. Das hat mich neugierig gemacht: Was ist der Zweck Ihres Besuches? Wo arbeiten Sie? Was tun Sie dort?"

- „Ich weiß eigentlich nur über Sie, dass Sie in der IT-Branche arbeiten. Was genau tun Sie denn?" Oder: „Erzählen Sie mir ein bisschen mehr?"

Und schon hat ein interessantes Gespräch begonnen!

Verzichten Sie auf auswendig gelernte Floskeln

Es gibt Menschen, die fühlen sich beim Small Talk so unsicher, dass sie Sätze wie die obigen auswendig lernen und dann abspulen, um sich zu retten. Sie erreichen damit das Gegenteil dessen, was Sie erreichen wollen.

> Small Talk pflegen Sie nicht mit Floskeln, sondern mit Interesse.

Floskeln sind ein zweischneidiges Schwert

Zwar bringen auch Floskeln ein Gespräch in Gang. Doch es wird bald wieder versiegen. Denn Ihr Gesprächspartner bemerkt schnell, dass Sie kein echtes Interesse an ihm haben und lediglich Floskeln verwenden. Wundern Sie sich deshalb nicht, wenn er ernüchtert oder verärgert reagiert und kein Interesse an dem Gespräch hat.

Wenn Sie einen der Mustersätze in diesem Buch benutzen, dann interessieren Sie sich für die Antwort am besten so, als würde Ihr ganzes Glück davon abhängen. Keine Floskel der Welt kann ein Gespräch aufrechterhalten. Das kann nur Ihr Interesse.

Standard-Gesprächsstarts

Manchmal ist man nicht in der Lage, einen Einstieg zu finden.
Dann hilft der Blick auf Standardthemen.

Mit Standardthemen gekonnt einsteigen

- Knüpfen Sie an Feiertage oder die Jahreszeit an: „Na,
  waren Sie schon im Urlaub?" „Die Feiertage gut über-
  standen?"

- Sprechen Sie etwas Auffälliges an: „Was für einen Pokal
  haben Sie denn da im Regal?" „Ein schönes Jackett –
  sieht aus, als ob es aus Italien käme!"

- Sprechen Sie aktuelle Themen an: „Haben Sie gelesen,
  dass das neue Museum doppelt so teuer werden soll wie
  geplant?"

- Viele Männer reden gern über Sport. Machen Sie sich das
  zunutze: „Freuen Sie sich auch schon auf die nächste
  Fußballweltmeisterschaft?" Wenn sich Ihr Gesprächspartner nicht für Sport interessiert, machen Sie das zum
  Thema: „Ach, Sie finden Fußball albern? Welche Sport-
  arten mögen Sie?"

- Bitten Sie um Informationen (Uhrzeit, Richtung, Weg):
  „Wissen Sie, ob der Zug Verspätung hat?" Im Anschluss
  daran: „Wo fahren Sie hin?" Diese Anknüpfung ist eine
  der besten: Denn kein Mensch lehnt eine so minimale
  Hilfe ab.

- Die meisten Menschen reden gern über das Wetter – als
  Start also ideal! Und unversehens sind Sie bei Themen

wie dem letzten Urlaub oder den Plänen für das Wochenende.

- Bieten Sie jemandem eine Zigarette an oder fragen Sie nach Feuer – der am häufigsten benutzte Kaltstarter für Small Talk. Selbst wenn der andere nicht raucht, ist man im Gespräch: „Oh, Sie rauchen nicht? Na, ich will es mir unbedingt abgewöhnen ..."

Voraussetzungen für den Kaltstart

Meistens weiß man, wann einen Kaltstarts erwarten könnten. Also legen Sie sich am besten schon mal drei entsprechende Themen bzw. Eröffnungen zurecht. Das verleiht Sicherheit.

Über diese Themen müssen Sie selbstverständlich reden wollen und können. Wenn Sie das Wetter nicht interessiert, wählen Sie etwas anderes. Es gibt genug. Sie haben die freie Auswahl.

Haben Sie Mut zur Wissenslücke

Wenn Sie sich in Bezug auf ein Thema nicht besonders gut auskennen, ist das kein Hinderungsgrund. Manchmal trifft sogar das Gegenteil zu. Denn viele Gesprächspartner sind entzückt, wenn sie jemanden treffen, dem sie alles, was sie zu einem bestimmten Thema wissen, erzählen können.

Schenken Sie Aufmerksamkeit

Small Talk-Profis stellen sich oft sogar absichtlich naiv, damit der andere sich profilieren kann. Er wird Ihnen dankbar sein.

Gute Verkäufer kennen das. Sie haben daraus einen etwas zynischen Spruch abgeleitet: „Wenn Sie jemandem Geld schenken, gewinnen Sie seine Aufmerksamkeit. Wenn Sie ihm Ihre Aufmerksamkeit schenken, gewinnen Sie sein Geld." Dieser Leitsatz lässt sich auf den Small Talk übertragen: Schenken Sie Ihrem Gegenüber Ihre Aufmerksamkeit, und Sie gewinnen sein Interesse an Ihnen.

Gespräche auf Partys, Empfängen, Kongressen

Zu Gruppen Kontakt aufnehmen

Wenn zahlreiche Menschen in einem Raum sind, haben viele Menschen Hemmungen, in ein Gespräch einzusteigen. Wollen Sie jemanden ansprechen, der allein dasteht oder -sitzt, können Sie den Kaltstart nutzen. Was aber, wenn es eine Gruppe ist? Stellen Sie sich einfach dazu – und schweigen Sie. Sie wissen schließlich nicht, worum es gerade geht.

> Stellen Sie sich zur Gruppe, und zeigen Sie das Markenzeichen jedes Small Talkers: ungeteilte Aufmerksamkeit.

Signalisieren Sie Aufmerksamkeit

Was ist Aufmerksamkeit? Nicken, Mitlachen, Mitschmunzeln, Mitärgern oder Äußerungen wie „Hm", „Ja, genau", „Sage ich auch immer", „Wie meinen Sie das?" „Na, ist vielleicht ein wenig hart formuliert". Nehmen Sie die Stimmung der Gruppe wahr.

Die Gruppe empfindet das nicht als Anbiederung. Sie hat Sie argwöhnisch aus den Augenwinkeln heraus beäugt und denkt nun: „Entwarnung! Das ist einer von uns! Der interessiert sich für uns und unser Thema. Herzlich willkommen bei uns!" Sie werden es an Ihnen zugewandten Blicken, Lächeln und Gesten der anderen bemerken: Jetzt sind Sie akzeptiert! Und genau das wollten Sie erreichen.

Probleme beim „Andocken" an Gruppen

Was tun Sie, wenn das Gesprächsthema der Gruppe, zu der Sie sich gesellt haben, für Sie Neuland ist? Nutzen Sie die Chance, etwas dazuzulernen. Hier einige Beispiele, wie Sie mit dieser Situation umgehen könnten:

- Sie können Ihre Wissenslücke offenbaren: „Entschuldigung, ich bin leider ein Laie, wenn es um Motoren geht. Aber was Sie gerade sagten, interessiert mich sehr. Was genau ist denn ein Common Rail?" Der angesprochene Experte wird Ihnen dankbar sein, dass Sie ihm die Gelegenheit geben, ein bisschen zu glänzen.

- Sie können eine intelligente Frage stellen: „Was bringt einer normalen Autofahrerin wie mir ein Common Rail?"

- Sie zeigen sich beeindruckt: „Woher wissen Sie denn das alles? Das ist ja wirklich beeindruckend!"

Wenn sich jemand über Sie lustig macht

Viele Neulinge im Small Talk wagen nicht zu fragen, weil sie die Blamage fürchten – und den Kommentar: „Was? Sie wissen nicht, was ein Common Rail ist? Aber das weiß man doch!"

Gehen Sie nicht in die Defensive

Für den Fall, dass so etwas – obwohl es relativ unwahrscheinlich ist – geschieht, können Sie sich gedanklich vorbereiten. Verteidigen Sie sich auf keinen Fall so: „Ich bin doch kein Mechaniker. Ich kann das doch gar nicht wissen!" Das zeigt nur, dass Sie sich angegriffen fühlen.

Legen Sie sich stattdessen eine offensive Erwiderung zurecht. Hier einige zur Auswahl – mit aufsteigender Schlagkraft:

- „Nein, ich weiß es nicht. Was ist es denn?"
- „Tja, stellen Sie sich vor, ich weiß es tatsächlich nicht. Erklären Sie es mir?"
- „Oh, jetzt habe ich Sie in Verlegenheit gebracht. Das wollte ich nicht. Sie müssen mir das nicht erklären, wenn Sie es nicht wissen." Der „Angreifer" wird sich beeilen, es Ihnen zu erklären. Denn sonst wäre er vor allen blamiert.

Langweilige Themen
Bitte gedanklich nicht abschweifen!

Manchmal müssen Sie aus unterschiedlichsten Gründen bei einer Gruppe verweilen, die ein aus Ihrer Sicht schrecklich langweiliges Thema bespricht. Wenn Ihre Versuche misslingen, das Gespräch auf ein anderes Gebiet zu lenken, dann schweifen Sie gedanklich trotzdem nicht ab: Die anderen bemerken das und sind verstimmt. Und das wollen Sie sicherlich nicht.

So peppen Sie auch das langweiligste Thema auf

Es gibt einen Trick, selbst das langweiligste Thema interessant zu machen: Finden Sie heraus, weshalb sich die anderen dafür interessieren! Das kann eine der spannendsten Aufgaben überhaupt sein. Manchmal viel spannender als das tatsächliche Gespräch.

Fragen Sie sich: Warum findet ein Mensch Briefmarken interessant? Was muss er denken, fühlen, erlebt haben, um Spinnen zu sammeln? Wozu macht er das? Was gibt es ihm? Sie können diese Fragen ruhig laut stellen. Dadurch wird das Gespräch noch interessanter und fruchtbarer. Denn der andere merkt: Hoppla, der interessiert sich wirklich für mich!

Wie führen Sie ein rundes Gespräch?

Neulinge haben viele Fragen zum Small Talk – vom passenden Thema über den idealen Gesprächsverlauf bis zum Gesprächsende. Hier sind die häufigsten Fragen mit den passenden Antworten.

Was, wenn ich etwas Falsches sage?

Hinter dieser Frage stecken weit verbreitete Versagensängste, die uns daran hindern, andere anzusprechen: Was, wenn ich etwas Falsches sage? Ja – was denn? Wird man mir den Kopf abreißen? Wird mein Chef nie wieder mit mir reden? Wenn Sie sich solche Fragen stellen, nimmt die Angst schon ab. Denn Sie wissen, dass dies nicht eintreten wird. Denken Sie an das Worst Case-Szenario.

> Angst ist häufig ein abstraktes Gefühl. Sie verschwindet oft, wenn Sie sie konkretisieren.

So reagieren Sie, wenn Sie etwas Falsches gesagt haben

Überlegen Sie sich vorab Lösungen, wie Sie aus der Bredouille herauskommen können. Zum Beispiel: „Wenn ich ...

- ... etwas sachlich Falsches sage, kann ich erklären: ‚Tut mir Leid, aber das wusste ich nicht. Danke für den Hinweis.'"

- ... etwas sage, das mein Gegenüber aufbringt, kann ich mich entschuldigen: ‚Ich wollte Sie damit nicht angreifen. Ich wusste nicht, dass Ihnen das nahegeht.'"

- ... etwas sage, das mir sofort Leid tut, gestehe ich das: ‚Entschuldigung, das ist mir jetzt so rausgerutscht. Ich habe einfach nicht gründlich nachgedacht.'"

Man muss nicht immer das „Richtige" sagen

Machen Sie sich bewusst, dass es beim Small Talk nicht darauf ankommt, immer richtig zu liegen. Viele sagen im kleinen

Plausch etwas „Falsches". Aber niemand regt sich darüber auf. Denn beim Small Talk kommt es hauptsächlich darauf an, das Gespräch in Gang zu halten.

Oft gelingt das sogar dann am besten, wenn Sie etwas „Falsches" sagen oder Wissenslücken eingestehen: „Was? Der Spitzensteuersatz liegt in Deutschland unter sechzig Prozent? Das wusste ich nicht. Warum beklagen sich dann alle über eine zu hohe Einkommenssteuer?" Und schon sind Sie mitten in einer herrlichen Diskussion!

Also: Nur zu, trauen Sie sich. Sagen Sie ruhig etwas Falsches, gestehen Sie eine Wissenslücke – und machen Sie dann Small Talk über die Wissenslücke.

Wie findet man ein gemeinsames Thema?

Small Talk-Neulinge fürchten oft, dass man sich verlegen anschweigt, weil man kein gemeinsames Thema findet. Um das zu vermeiden, hilft der Kaltstart. Aber was, wenn Sie dabei zufällig ein Thema erwischen, das Ihr Gegenüber überhaupt nicht interessiert? Dann machen Sie eben seine Abneigung zum Thema! „Sie hassen Sport? Warum denn?" Auf Warum-Fragen bekommen Sie immer eine Antwort.

Und so hangeln Sie sich weiter. Er hasst Sport, weil er sich als Kind das Bein gebrochen hat und wochenlang liegen musste. Dabei hat er das Lesen als Hobby entdeckt. Sie wiederum sehen lieber fern, als dass Sie lesen. Neulich lief eine wunderbare Sendung über Wandbehänge – und ehe Sie sich versehen, sind Sie bei Gobelins gelandet und rufen beide: „Meine Güte, Sie interessieren sich auch für mittelalterliche Wandbehänge in Gutshäusern?"

> Um ein gemeinsames Thema zu finden, müssen Sie lediglich den Ball so lange am Laufen halten, bis Sie eines entdecken.

Natürlich kann es bei den ersten zwei, drei Sätzen zu Anfangsschwierigkeiten kommen. Das Gespräch läuft eben nicht auf Anhieb rund. Das ist normal. Wann immer zwei Menschen miteinander sprechen, müssen sie sich erst aufeinander einstimmen.

Gibt es „Universal-Eröffnungen"?

Zwei Fragen ermöglichen garantiert einen Kaltstart und eröffnen mit absoluter Sicherheit ein gemeinsames Thema. Sie werden darüber hinaus auch von allen Menschen im deutschsprachigen Raum hundertprozentig akzeptiert:

- Wenn Sie jemanden privat treffen: „Was machen Sie beruflich?"

- Wenn Sie jemanden beruflich treffen: „Was machen Sie so, wenn Sie nicht für die Firma arbeiten?"

Danach kommt ein Gespräch zustande, sofern Sie auch nur ein wenig Interesse an der Antwort des anderen mitbringen. Fragen Sie einfach weiter, bis Sie genau wissen, was er warum, wozu, wann, mit wem macht.

Sie hat ein exotisches Hobby

Sie wenden ein: „Aber was soll ich sagen, wenn sie eines dieser exotischen Hobbys hat, bei denen ich nicht mitreden kann?" Sie müssen nicht mitreden, sondern fragen. Es geht nicht um Mitreden. Es geht um Aufmerksamkeit, Interesse und Respekt. Und wir haben ja schon gesehen, dass sich Themen, von denen Sie nichts verstehen, hervorragend für den Small Talk eignen.

Wie finde ich heraus, was meinen Gesprächspartner interessiert?

Hören Sie zu, er sagt es Ihnen

Die meisten Neulinge denken verunsichert: „Aber ich weiß doch gar nicht, was ihn interessiert!" Das herauszubekommen ist eine der einfachsten Übungen: Hören Sie Ihrem Gegenüber genau zu! Denn das, worüber er redet, interessiert ihn auch. Fragen Sie sich nicht verzweifelt: „Welches Thema soll ich bloß anschneiden?" Drehen Sie den Spieß um. Lassen Sie den anderen das Thema finden. Das heißt, geben Sie ihm erst einmal Gelegenheit zu reden. Dann wird er Ihnen schon sagen, was ihn interessiert.

Viele Menschen gehen anders vor. Sie schneiden Thema A an: Das Gegenüber zeigt kein Interesse. Sie schneiden Thema B an: dito. Und so weiter. Sie versuchen, den anderen mit einem Thema zu beglücken, anstatt ihn selber eines wählen zu lassen. So entwickelt sich kein angenehmer, unterhaltsamer Small Talk.

Wie Sie den großen Schweiger zum Reden bringen

Wenn der andere ein Schweiger ist, wird er Ihnen vermutlich auch nicht indirekt mitteilen, was ihn interessiert. Dann nutzen Sie das, was Sie über ihn wissen oder an ihm sehen:

- Fällt Ihnen etwas an seiner Kleidung auf? Knüpfen Sie an: „Wie ich sehe, tragen Sie eine Bolo Tie ..."

- Er ist selbst im tiefsten Winter braun gebrannt: anknüpfen!

- Fährt er einen besonderen Wagen? Das Thema interessiert ihn garantiert.

- Worauf schaut sie besonders intensiv oder oft? Dann fragen Sie, ob/warum sie das interessiert.

- Was haben Sie über ihn gehört? Ist er ein begeisterter Golfer, Bastler, Sammler? Nutzen Sie diese Hinweise auf seine Interessen.

Viele Small Talk-Anfänger machen den Fehler, dass sie ein beliebiges Thema ansprechen und hoffen, dass es den anderen interessiert. Das ist ein reines Glücksspiel – und Sie liegen fast immer daneben.

Die bessere Methode, einen schweigsamen Menschen zum Reden zu bringen, ist, beim Zuhören oder Zusehen herauszufinden, wo die Interessen des anderen liegen.

Keine Lust auf Small Talk?

Was ist, wenn der andere sich nicht unterhalten will? Das wissen Sie nach dem ersten Anlauf noch nicht. Aber nach dem dritten. Geben Sie sich und dem anderen so viel Zeit. Danach können Sie das Gespräch ruhen lassen – weil es ihm so lieber ist. Sie können auch sicherheitshalber fragen: „Sie möchten sich jetzt lieber nicht unterhalten, oder?"

Wie baue ich ein Gespräch auf?

Eine häufige Frage, auf die es eine präzise Antwort gibt: gar nicht. Zumindest nicht genauso wie etwa eine Präsentation, die einer – je nach Anlass von Ihnen vorbereiteten und zielgerichteten – Struktur folgt.

Der entscheidende Unterschied: Präsentationen sind monologisch, Gespräche dialogisch. Gespräche werden gemeinsam geführt, der „Aufbau" eines Gesprächs besteht also darin, sich für den anderen zu interessieren, zu fragen, herauszufinden, was ihn interessiert, ein Klima des unbeschwerten Miteinander zu schaffen.

Lassen Sie das Gespräch fließen

Das ist doch gerade das Schöne am Small Talk! Man kommt vom Hundertsten ins Tausendste, von Zahnpflege zu Motoren und von Motoren zu Kochrezepten. Es gibt beim Small Talk eben keine Checkliste „7 Tricks, wie Small Talk gelingt". Nein, es ist viel einfacher: Lassen Sie das Gespräch fließen!

Wenn Ihnen das gelingt, entspannt Small Talk wunderbar. Man kann dabei abschalten, weil man sich vom Verlauf des Gesprächs mittragen lassen kann. Auch deshalb hat Small Talk eine Art therapeutische Wirkung.

> Beim Small Talk müssen Sie das Gespräch nicht aufbauen oder leiten. Entspannen Sie sich und lassen Sie es fließen.

Im Times Magazine wurde Mitte der Achtzigerjahre eine Studie zitiert. Eine Gruppe von Managern ging zu einem Psychotherapeuten, die Kontrollgruppe besuchte ebenso regelmäßig eine Bar und pflegte den Small Talk. Nach sechs Wochen waren bei leichten Neurosen in beiden Gruppen erhebliche Verbesserungen bemerkbar. Na also!

Wie verhalte ich mich, wenn die Konversation stockt?

Eine Gesprächspause ist keine Katastrophe. Sie bedeutet einfach, dass das Interesse der Gesprächspartner am aktuellen Thema ruht oder auch erloschen ist. Sie können es mit einer Zusatzfrage wieder wecken oder einfach zu einem anderen interessanten Thema wechseln.

Machen Sie den Grund des Schweigens zum Thema

Wenn Sie über großes Einfühlungsvermögen verfügen, können Sie versuchen, den Grund für die Pause zu erspüren und dann zum Thema zu machen. Hier ein paar Beispiele:

- „Schon erschütternd, so ein Unfall, nicht?"
- „Tja, da bleibt man als Betroffener stumm zurück."
- „Ach, schon anstrengend, dieses leidige Steuerthema."

Geraten Sie nicht in Panik

Wenn ein Gespräch stockt, geraten viele Small Talk-Neulinge in Panik und denken: „Oje, was muss ich jetzt sagen? Worüber können wir denn noch reden?" Mit solchen Gedanken blockieren Sie sich nur. Sie setzen sich so unter Druck, dass Ihnen nichts Sinnvolles einfällt.

Fragen Sie sich nicht, „Was kann ich jetzt sagen?", sondern „Was interessiert mich noch?" Das kann ...

- ... etwas aus dem bisherigen Gespräch sein: „Sie sagten doch vorhin, dass ... Darf ich Sie dazu noch etwas fragen?"

- ... etwas Gesprächsverwandtes sein: „Zum Thema Pannen fällt mir immer die Pannenhilfe ein. Ich weiß nicht: Bringt es wirklich was, wenn ich ADAC-Mitglied werde?"

- ... etwas völlig Neues sein: „Mal was ganz anderes: Haben Sie schon den neuen Geschäftsbericht gelesen?"

> Selbst wenn Ihnen gar nichts mehr zu einem Thema einfällt – eines bleibt immer: fragen.

Wie wechsle ich zum eigentlichen Thema?

Im Normalfall endet der Small Talk ganz von allein, wenn alle Beteiligten wissen, dass man noch etwas „Ernsthaftes" zu bereden hat. Sollten Sie Angst haben, dass der Plausch ausufert, haben Sie eine perfekte Möglichkeit, das zu unterbinden: Sorgen Sie dafür, dass jeder Gesprächsbeteiligte vorher weiß, dass man nachher noch etwas Wichtiges zu besprechen hat. Etwa so: „Hallo, Herr Meier, wir wollen ja heute über das neue Projekt sprechen. Aber was mich zunächst natürlich brennend interessiert: Wie war's denn im Urlaub?"

Nonverbale Signale

Sollte trotzdem jemand einfach kein Ende finden, reichen meist schon nonverbale Signale aus, um ihn zum Thema zu bringen. Je nach Situation lassen sich mehr oder weniger dezent einsetzen:

- ungeduldige Blicke

- längeres Schweigen

- demonstrativer Blick auf die Uhr

In sehr hartnäckigen Fällen kann man auch zu weniger höflichen Mitteln wie auffälligem Räuspern greifen.

So leiten Sie zum eigentlichen Thema über

Neulinge konstruieren oft künstlich ein Dilemma, indem sie sich verkrampft fragen: „Aber wie leite ich denn nun konkret vom Small Talk zum eigentlichen Thema über?" Ganz einfach: mit einem eindeutigen Satz. Variieren Sie je nach Situation:

- „Ach, es ist immer schön, über den Urlaub zu sprechen ... Aber jetzt zum eigentlichen Thema."

- „Hm, wir sollten uns noch kurz über Ihre neue Monats-bestellung unterhalten."

- „Eigentlich sollten wir noch über die Sache Müller reden."

- „Ich könnte stundenlang übers Reiten plaudern. Aber eines wollte ich noch wissen: Wie hoch ist denn nun der Rechnungsbetrag?"

- „Lieber Herr Schmidt ..." Wer seinen eigenen Namen hört, schweigt erst einmal. Er weiß dadurch, dass etwas Wichtiges folgt. Sprechen Sie dann einfach weiter: „Wir sollten unbedingt noch ..."

- „Es ist richtig nett, mit Ihnen zu plaudern. Aber jetzt ..."

- „Das war ein sehr anregendes Gespräch. Könnten wir ..."

Wie beende ich ein Gespräch?

Nehmen Sie einfach die Gelegenheit dazu wahr! Bei den meisten Small Talks ist es nämlich deutlich spürbar, wenn sie zu Ende gehen. Zum Beispiel, wenn eine Pause eintritt. Wenn Sie oder Ihr Gesprächspartner genug haben, bringen Sie einfach eine beziehungspflegende, wertschätzende und freundliche Abschiedswendung an, wie wir sie eben bereits angeschnitten haben, und gehen Sie danach zu den üblichen Abschiedsgrüßen über:

- „Es war schön, mal wieder mit Ihnen zu plaudern. Also dann – bis zum nächsten Mal!"

- „Nach so einem anregenden Gespräch noch zu arbeiten – aber es hilft nichts, ich muss wieder ran."

- „Ja, ja, so ist das halt. Übrigens, wann sehen wir uns wieder? Bei der Teamsitzung? Also, bis dann!"

So meistern Sie heikle Situationen in der Familie

Small Talk in der Familie? Ja, denn gerade in der Familie geht es darum, schwierige Situationen im Alltag mit einem beziehungsförderndem Gesprächsangebot zu meistern. Und gerade in der Familie ist oft nicht genügend Zeit für tiefschürfende Gespräche. Weshalb in vielen Familien – zwischen den Partnern oder mit den Kindern – nicht besonders oft oder viel miteinander gesprochen wird. Small Talk ist ein hervorragendes Mittel, das zu ändern. Gelegenheiten dazu gibt es viele, Sie müssen sie nur wahrnehmen.

Das große Schweigen am Frühstückstisch

Der häusliche Tisch ist bei jeder Mahlzeit ein potenzielles Katastrophengebiet, was die Kommunikation betrifft. Wie sich die Menschen hier gegenseitig anschweigen und auf die Nerven gehen, das ist schon legendär. Ein Familientherapeut sagte einmal: „Die meisten Ehen gehen am Frühstückstisch und im Urlaub kaputt." Da ist was dran!

Jede Beziehung braucht Kommunikation

Die Sprachlosigkeit in Beziehungen, nachdem die erste heiße Phase dem Alltag gewichen ist, ist erschütternd. Nach einem Jahr in diesem Zustand hat man sich auseinander gelebt. Kein Wunder, man redet ja nicht mehr miteinander.

Viele glauben, man redet nicht mehr miteinander, weil man sich auseinander gelebt hat. Das Gegenteil ist der Fall: Man hat sich auseinander gelebt, weil man nicht mehr miteinander redet.

Reden stärkt jede Beziehung. Damit ist nicht nur das Gespräch über Kinderwünsche, Hausbau oder den Alterssitz auf Ibiza gemeint – also „große" Themen. Was eine Beziehung auch am Leben erhält und ihr täglich Frische verleiht, das sind die kleinen Gespräche zwischen Tür und Angel, vor und nach der Arbeit oder eben am gemeinsamen Tisch.

So knüpfen Sie ein Gespräch mit Ihrem Partner an

Es geht nicht darum, dass man wartet, bis sich ein Gespräch „ergibt". Gespräche ergeben sich höchst selten von allein – man muss schon etwas dafür tun. Suchen Sie das Gespräch mit dem Partner. Gerade für das Tischgespräch gibt es eine Vielzahl von Anknüpfungspunkten:

- Nachtruhe: „Wie hast du geschlafen?" „Hat dich dieser Lärm um eins auch geweckt?"

- Wetter: „Ziemlich frisch heute Morgen, finde ich."

- Tagesablauf: „Was steht heute bei dir an?"

- Kinder: „Schreibt Peter heute nicht Mathe?"

- Arbeit: „Ich darf gar nicht an mein Meeting heute denken!"

- Haus, Wohnung: „Findest du nicht auch, wir sollten endlich ein neues Gartentor anschaffen?"

- Der beste aller Anknüpfungspunkte: etwas Nettes! „Wie du gestern die Kinder vom Fernsehen weggelotst hast – einfach klasse!" „Dass du gestern nach deinem anstrengenden Bürotag noch mein Auto von der Reparatur geholt hast, finde ich echt super – danke!"

- Idealer Anknüpfungspunkt für das Gespräch mit der Partnerin oder dem Partner: ihr bzw. sein Lieblingsthema.
  Selbst wenn es Themen sind, die Sie selbst nicht so spannend finden oder die Sie als typische Frauen- oder Män-
  nerthemen empfinden. Interessieren Sie sich wenigstens
  dafür, fragen Sie nach, was sie/ihn beschäftigt, begeistert
  oder enttäuscht hat. Danach läuft das Gespräch von ganz
  allein.

Nicht alle Themen taugen etwas

Vorsicht: Ihr Gesprächsangebot muss partnerverträglich sein.
Wenn Sie wissen, dass Ihr Partner morgens ausgesprochen
allergisch auf ein bestimmtes Thema reagiert, dann sparen Sie
dieses natürlich aus. Partnerverträglichkeit bedeutet auch:
Wenn der andere Ihr Gesprächsangebot nicht oder nur halb-
herzig annimmt, dann lassen Sie das Gespräch versiegen. Der
andere will muffeln? Wenn es ihn glücklich macht, bitte.

Vorwürfe bringen Sie nicht weiter

Sollte dieser Zustand jedoch zu oft eintreten oder zu lange
andauern, dann quengeln Sie nicht vorwurfsvoll: „Du ver-
gräbst dich immer hinter deiner blöden Zeitung!" „Von meiner
Arbeit willst du ja nichts wissen!"

> Wer ein Gespräch mit einem Vorwurf beginnt, verhindert damit gleich-
> zeitig jede vernünftige Unterhaltung.

Sprechen Sie lieber vorwurfsfrei Klartext nach dem Muster:
Verständnis zeigen – Ich-Botschaft senden („Ich denke ...",
„Ich fühle mich ...") – Wunsch äußern.

Beispiel:

> „Ich weiß ja, dass dir morgens nicht danach ist (Verständnis). Aber ich komme mir heute so verlassen vor (Ich-Botschaft). Redest du ein bisschen mit mir (Wunsch)?"

Reden Sie noch mit Ihren Kindern?

Die meisten Eltern verlieren den Kontakt zu ihren Sprösslingen immer mehr, je älter sie und die Kinder werden. Man hat sich buchstäblich nichts mehr zu sagen – oder man gibt Gesprächstorpedos von sich: „Wie war's in der Schule?" „Wie soll's gewesen sein? Wie immer halt."

Jugendliche fürchten den „Elternhammer"

Warum reagieren viele Kinder auf ein harmloses Gesprächsangebot so gereizt? Weil sie wissen, dass es nicht harmlos gemeint ist. Nehmen sie nämlich das Angebot ernst und sprechen über ihre Mathe-Probleme, saust sofort der „Elternhammer" auf sie herab, etwa mit solchen Bemerkungen: „Dann musst du eben mehr lernen!"

Nein, Eltern haben sich das Recht auf Small Talk meist schon früh verscherzt. Mit einem Besserwisser „smalltalkt" kein Jugendlicher gern. Warum nicht? Weil er genau merkt, dass die Eltern sich nicht für ihn, sondern nur für „sein Bestes", nämlich meistens seine Noten, sein Benehmen oder seine Leistung interessieren.

So zeigen Sie Ihrem Kind Ihr Interesse

Falls Sie wieder einen Draht zu Ihren Kindern finden und dann auch aufrechterhalten möchten, sorgen Sie dafür, dass Ihr Talk-Angebot Ihr Interesse an Ihrem Kind klar kommuniziert:

- Also nicht: „Wie schaust du denn aus? Was ist dir über die Leber gelaufen?" Sondern: „Ich habe das Gefühl, dich ärgert etwas. Was ist es denn? Habe ich etwas gesagt, das dich verärgert hat?"

- Nicht: „Wie war der Vokabeltest?" Sondern: „Na, war der Vokabeltest so schlimm, wie du vermutet hast?"

- Nicht: „Welche Schwerpunktfächer hast du noch mal?" Sondern: „Ich weiß, du findest es schrecklich, dass ich deine Fächer immer vergesse. Das liegt daran, dass ich so wenig darüber weiß. Darf ich dich mal was fragen?"

- Nicht: „Was? Wieder eine Vier? Reiß dich zusammen!" Sondern: „He, nimm's nicht so tragisch. Sag mir lieber, wie ich dir helfen kann, es besser zu machen."

- Nicht: „Na, alles klar in der Schule?" Sondern: „Du hast gestern durchblicken lassen, dass Deutsch nicht gut läuft. Wie kann ich dir helfen?"

Mit diesen Gesprächsangeboten signalisieren Sie Interesse an Ihren Kindern. Selbstverständlich lassen sich viele Kinder auch zum Gespräch bewegen, wenn sie weniger im Mittelpunkt stehen: Erzählen Sie als Vater oder Mutter in passenden Situationen auch mal von sich selbst!

Zugegeben, wenn Sie einmal das Vertrauen Ihrer Kinder verloren haben, ist es schwer, es zurückzugewinnen. Aber es ist
machbar. Sie müssen dafür „nur" ...

- ... etwas Stehvermögen mitbringen und so lange Ge-
  sprächsangebote machen, bis die Kinder ihre anfängliche
  Skepsis überwinden und darauf eingehen.

- ... bei Tabuthemen cool die Fassung bewahren. Also nicht:
  „Was? Du hast schon einen Freund?" Sondern: „Ach ja? Wie
  heißt er denn?"

- ... etwas weniger auf das Verhalten und etwas mehr auf
  das Kind selbst achten.

Schlechte Laune beim Nachhause-Kommen

Wenn Partner von der Arbeit heimkommen, läuft oft eine
kleine Beziehungskrise ab. Besonders Männer sprechen oft
kein Wort und verziehen sich sofort. In den Hobbykeller, vor
den Fernseher, zum Joggen, hinter den PC. Die Frauen ihrer-
seits leiden entweder stumm, fordern erfolglos zum Gespräch
auf oder plappern in der Hoffnung drauflos, dass er irgendwann auch etwas sagt. Es gibt bessere Rezepte.

Small Talk nach Büroschluss

Berücksichtigen Sie, dass Ihr Partner eine Zeit lang braucht,
um sich zu erholen. Meistens sind das um die zwanzig
Minuten. Danach ist er wieder brauchbar. Wenn es allzu lange
dauert: Reden Sie mit ihm darüber. Aber nicht, wenn er
gerade nach Hause gekommen ist!

> Wenn Ihr Partner/ihre Partnerin beim Nachhause-Kommen Ruhe braucht, gönnen Sie sie ihm/ihr.

Treffen Sie eine Vereinbarung, mit der beide leben können. Eine der häufigsten und erfolgreichsten Regelungen ist: „Wenn du nach Hause kommst, sag bitte wenigstens drei Sätze: Was war los? Wie geht's dir? Warum?"

Small Talk nach Büroschluss

- Fragen Sie nie: „Wie war dein Tag, Liebling?" Viele empfinden das als Kränkung, weil es zu pauschal ist. Fragen Sie konkret.

- Konkret bedeutet nicht: „Wie war dein Gespräch mit dem Vorstand?" Sondern: „Hat der Vorstand endlich kapiert, wie du dein Aufgabengebiet umstrukturieren möchtest?" Sie kommen dann wahrscheinlich nicht mehr zu Wort …

- Fragen, fragen, fragen Sie: „Du sprichst öfter vom ‚Break Even'. Ich weiß, du findest die Frage doof, aber erkläre mir doch noch mal, was das genau ist."

- Kritisieren Sie Ihren Partner nicht – das tötet jedes Gespräch ab. Wenn Sie ihn kritisieren wollen, führen Sie ein Kritikgespräch. Wenn Sie ihn dagegen zum Reden bringen wollen, bestärken Sie ihn diplomatisch: „Fünf Abschlüsse heute? Donnerwetter, da hast du ja mächtig zugelangt."

Beziehungsretter im Urlaub

Ein Familienrichter berichtete: „Zwei Drittel aller Ehen, die ich scheide, gehen während oder nach einem gemeinsamen

Urlaub kaputt. Die Partner merken da oft zum ersten Mal, dass sie sich im Grunde nichts zu sagen haben."

Natürlich könnten in dieser Weise gefährdete Paare getrennt Urlaub machen – das tun bereits viele Beziehungserfahrene. Wer das nicht gut findet, kann die Situation auch anders entschärfen:

- Akzeptieren Sie, dass im Urlaub „Gesprächslöcher" entstehen.

- Geben Sie weder sich noch dem anderen die Schuld.

- Machen Sie eine vorwurfsfreie Bemerkung: „Tja, da merkt man, dass wir normalerweise vor allem über Kinder, Haus und Arbeit reden."

Lernen Sie den Partner neu kennen

Gerade für diese Neuentdeckung ist der Small Talk ideal geeignet. Es gibt viele Anknüpfungspunkte, die Sie für ein besseres Kennenlernen, für ein kleines Gespräch und damit für die perfekte Beziehungspflege nutzen können:

- „Lustig, mir ist nie aufgefallen, dass du gern ein Marmeladebrot zum Frühstück isst." „Bei uns gibt's ja auch normalerweise immer Müsli." „Schmeckt dir das denn nicht?" „Doch, aber hin und wieder Apfelgelee ..." „Soll ich mal eins kaufen?"

- Ist der Rock neu? „Nein, den habe ich schon lange, Schatz." „Ist mir nie aufgefallen. Sieht echt klasse aus!" „Ja, das macht der Stoff, der fällt super."

- „Was machen wir nachher? Gehen wir an den Strand? Nein? Gehst du nicht mehr gern ans Wasser? Was würdest du lieber machen? Also erst Strand und danach Basilika?"

Reden Sie über das, was Sie sehen

Im Urlaub sieht man viel Fremdes oder Ungewöhnliches. Das ist ein guter Anlass, ein Gespräch zu beginnen:

- „Mir ist gerade aufgefallen, dass hier unglaublich viele Schweden sind. Dir auch? Lustig, nicht? Und wie viel Alkohol die vertragen! In Schweden ist Alkohol halt furchtbar teuer. Das wusstest du nicht? Hat mir Theo erzählt. Den kennst du doch auch ..."

- „Hast du den Kerl in dem Armani-Anzug gesehen?" „Ja, der bildet sich ziemlich was auf sein teures Outfit ein! Und schau mal, die Frau da mit dem Stringtanga ..."

Als Paar beim Small Talk

Man erlebt es immer wieder: Partner machen sich gegenseitig beim Small Talk mit anderen runter. Da traktiert man sich mit versteckten Spitzen, offenen Vorwürfen, verdreht die Augen, kurz: behandelt den anderen ohne Respekt, macht ihn lächerlich, stellt ihn bloß.

Ganz abgesehen davon, dass ein solches Verhalten für die Beziehung nicht gerade förderlich ist: Sie hinterlassen bei Ihren Gesprächspartnern nicht den besten Eindruck – als Individuen und als Paar. Immerhin lässt Ihr Verhalten oder das Ihres Partners auch Rückschlüsse auf Ihre Beziehung und

Ihren Charakter zu. Also: Was beim Small Talk für Fremde gilt,
gilt natürlich auch für Menschen, die einander nahe stehen.
Beherzigen Sie also folgende Paartipps.

Small Talk in Anwesenheit Ihres Partners

- Erzählt Ihr Mann eine lustige Anekdote, die er in Ihrer
  Gegenwart schon tausendmal zum Besten gegeben hat,
  dann hören Sie geduldig zu – und nehmen nicht die
  Pointe vorweg.

- Verzettelt oder verspricht sich Ihre Frau, dann stehen Sie
  ihr mit dem richtigen Wort bei oder helfen ihr unauffällig
  aus der Bredouille – Sie sollten Sie weder verspotten
  noch hängen lassen.

- Klammern Sie private Meinungsverschiedenheiten aus –
  und fangen Sie keinen Streit über das Verhalten Ihrer
  Kinder oder die Benutzung des Familienautos an.

- Lassen Sie Ihren Partner aussprechen, auch wenn er
  Ihnen wie üblich zu langsam spricht oder denkt – und
  unterbrechen Sie ihn nicht.

- Wenn sich der Blick Ihres Mannes mal „verirrt", dann
  übersehen Sie es geflissentlich und sprechen ihn zu
  Hause darauf an – und düpieren ihn nicht vor den
  anderen, indem Sie ihn angiften („Reiß dich zusammen,
  ja?").

Wenn Sie sich an diese Umgangsformen halten, wird Ihnen
der Small Talk auch in Gegenwart Ihres Partners Spaß machen.

Oberstes Small Talk-Gebot: Du sollst nicht langweilen!

Sie kennen die Situation: Eine Gruppe von Menschen steht zusammen, aber nur einer spricht – und die anderen langweilen sich furchtbar.

In diesem Kapitel lesen Sie,

- welche Themen Sie vermeiden sollten,
- mit welchen Verhaltensweisen Sie bei Ihren Gesprächspartnern nicht ankommen,
- wie Sie sich gegen Vielredner wehren und wie Sie der Langeweile mit Fragen entgegenwirken.

Themen, die anöden

Lieblingsthemen

Angenommen, Sie stehen mit dem Cocktailglas bei einer Gruppe, hören mit halbem Ohr einem total uninteressanten Gespräch zu und langweilen sich zu Tode. Plötzlich kommt die Gruppe auf Safari-Urlaube zu sprechen. Da kennen Sie sich aus! Was tun Sie?

- Sie freuen sich, endlich etwas zum Gespräch beitragen zu können, und erzählen von Ihren Safari-Urlauben in Kenia und in Südafrika.

- Sie halten sich zurück.

Gratulation, wenn Sie sich für die zweite Option entschieden haben! Denn: Nichts ist langweiliger als Lieblingsthemen.

Alle wollen mitreden

Natürlich fällt es schwer, das zu akzeptieren. Warum dürfen wir nicht über das reden, was wir gut kennen? Aber wenn wir so fragen, bringt es uns nicht weiter. Stellen Sie die Frage anders: Wann langweile ich mich beim kleinen Gespräch am meisten? Ganz klar: Wenn sich einer profiliert, minutenlang das Gespräch an sich reißt und die anderen mit seinem Lieblingsthema zu stumm leidenden Zuhörern degradiert.

> Small Talk ist interaktiv, Monologe sind es nicht. Deshalb langweilen Monologe.

Alleinunterhalter sind zwar amüsant. Doch Menschen machen keinen Small Talk, bloß um zuzuhören: Sie wollen mitreden! Denken Sie an Ihre Zuhörer! Nur weil Sie von einem Thema begeistert sind, heißt das noch lange nicht, dass es den anderen genauso geht. Prüfen Sie das erst.

Vergewissern Sie sich, dass die anderen Ihr Lieblingsthema interessiert

Woran erkennen Sie, ob die anderen Ihr Lieblingsthema auch toll finden? An den Gesprächsbeiträgen. Fließen sie, ist das Thema okay. Schauen alle nur höflich betreten und stumm in die Runde, wechseln Sie das Thema oder geben der Gruppe die Gelegenheit dazu.

Seien Sie nicht zu streng mit sich. Im Verlauf fast jedes Gesprächs lässt man sich mal dazu hinreißen, über sein Lieblingsthema zu schwadronieren. Die Versuchung ist einfach zu groß: Noch ehe unser Gehirn merkt, was passiert, hat sich der Mund schon heißgeredet. Verzeihen Sie sich diese menschliche Schwäche – und geben Sie der Gruppe so rasch wie möglich die Gelegenheit, wieder ins Gespräch einzusteigen.

Gute Witze, schlechte Witze

Witze tauchen im kleinen Plausch häufig auf. Das hat weniger mit dem Small Talk an sich, sondern mehr mit dem Small Talker zu tun: Manche Menschen erzählen eben gern Witze. Eine schöne, unterhaltsame Eigenschaft. Wer sie auslebt, sollte jedoch seinen gesunden Menschenverstand dabei benutzen: Nicht jeder Witz passt in jeden Small Talk. Bestimmte Witze erzählt man einfach nicht in bestimmten Kreisen – auch wenn sie noch so gut sind.

Überlegen Sie sich zum Beispiel gut, ob Sie als Mann in Anwesenheit von Frauen schlüpfrige Witze zum Besten geben wollen. Oft lächeln Frauen dann zwar, aber meist sehr gequält. Sie finden es einfach nur peinlich, wollen den Witzeerzähler aber nicht bloßstellen oder wissen einfach nicht, wie sie ihm Einhalt gebieten können. Auch wenn es Frauen gibt, die selbst welche erzählen: Die meisten Frauen finden Witze mit sexuellen Anspielungen einfach zotig. Es empfiehlt sich, das zu berücksichtigen.

Weitere Witz-Tabus

- Dasselbe trifft auf Witze über Behinderte, Gewalt oder Kindesmissbrauch zu – ja, solche Witze gibt es tatsächlich. Schon aus moralischen Gründen sollte man sie nicht in sein Witzrepertoire aufnehmen, ganz gleich, ob es um Small Talk geht oder nicht. Das Gleiche gilt für Witze über Ausländer und Randgruppen.

- Blondinen-Witze sind mit äußerster Vorsicht zu gebrauchen, wenn eine Blondine zuhört. Selbst wenn Sie sie kennen und wissen, dass auch sie austeilen kann, ist es keine sonderlich gesprächsförderliche Idee, in ihrer Anwesenheit einen Blondinen-Witz zu erzählen.

- Eine Witzgattung langweilt mit tödlicher Sicherheit: alte Witze. Es ist peinlich, wenn man denselben Witz vor demselben Publikum noch einmal erzählt. Ein guter Witzeerzähler kennt sein Publikum.

Tabuthemen

Sie kennen das sicher: Jemand erzählt in allen Details von seiner Gallenblasenoperation. Man muss gezwungenermaßen zuhören, denkt aber nur: „Igitt! Hoffentlich hört er bald auf." Es gibt eine Reihe Tabuthemen, die man beim Small Talk unbedingt meiden sollte. Dazu gehören:

- Politik und Politikerschelte
- Familienprobleme
- Geld
- eigene Schwächen, Fehler, Neurosen
- Geschäftliches

Wann ein Thema tabu ist

Nahezu jedes Thema, bei dem es um Inkompetenz geht, kann ein Tabuthema sein: „Ich weiß nicht, wofür Beamte eigentlich ihr Geld bekommen – mein Bauantrag liegt schon drei Monate irgendwo rum. Die sind doch alle unfähig!" Und zwei Beamte stehen neben Ihnen in der Gesprächsrunde. Das kann sehr peinlich werden.

Vertrauen Sie bei der Themenwahl Ihrem gesunden Menschenverstand. Denn andererseits treten Sie mit heiklen Themen nicht immer ins Fettnäpfen. Erinnern Sie sich an das letzte Gespräch unter Kumpels, in dem Sie über „die korrupten Beamten" herzogen und alle begeistert mitmachten! Oder an das letzte Gespräch unter Frauen, in dem es stundenlang nur um die Menopause ging.

> Ob ein Thema ein Tabuthema ist, hängt nicht vom Thema, sondern von der Gesprächsgruppe ab.

Wie merken Sie, ob sie loslegen können oder nicht? Ganz einfach: Wenn die Gruppe einsteigt und begeistert mitredet, ist das Thema kein Tabu. Dabei sollten Sie jedoch genau hinhören, damit Sie auch Reaktionen, die nur höflich gemeint sind, wahrnehmen.

Setzen Sie heikle Themen bewusst ein

Viele Ratgeber empfehlen: „Warten Sie mit schwer verdaulichen Themen so lange, bis eine echte Beziehung, eine Freundschaft entstanden ist." Doch dieser Rat greift zu kurz.

Denn nichts lässt eine Beziehung schneller entstehen als die Entdeckung, dass alle Gesprächsbeteiligten in den letzten zwölf Monaten Beziehungsprobleme hatten. Das verbindet! Und zwar viel mehr, als wenn man sich stundenlang mit belanglosen Themen abtastet.

Es ist kein Fehler, ein vermeintliches Tabuthema anzuschneiden. Scheuen Sie sich auch nicht, auch solche Themen anzusprechen, wenn Ihnen danach ist. Beobachten Sie die Reaktion der Gruppe aber genau: Nimmt sie das Thema an? Es ist jedoch ein Fehler, wenn Sie weitersprechen und nicht berücksichtigen, dass die anderen gern über etwas anderes reden würden.

Marotten, die stören

Viele Menschen hören sich selbst nicht zu, wenn sie sprechen. Deshalb fallen ihnen ihre Marotten womöglich nicht auf. Den Zuhörern geht es naturgemäß anders ... Wir alle kennen die Ratgeber, Rechthaber und Besserwisser, die mit ihrem Gesprächsverhalten aus einer unverbindlichen Plauderei ein Beratungsgespräch oder einen Machtkampf machen können. Das ist keinem Small Talk förderlich. Entdecken Sie solche Gewohnheiten bei sich selbst, sollten Sie diese ändern.

Störende sprachliche Marotten sind natürlich auch: laufend „äh" sagen, viele Fremdwörter benutzen oder sich wiederholen. Wie diese wirken und wie Sie dagegen vorgehen, erfahren Sie im Kapitel „Vermeiden Sie Sprachmüll".

Ratschläge sind unerwünscht

Eine der schlimmsten, aber weit verbreiteten Marotten überhaupt ist es, Ratschläge zu geben, wenn jemand von sich erzählt und erzählen möchte.

Beispiel: „Erziehungsberatung"

"Ich kann machen, was ich will – mein pubertierender Sohn hört einfach nicht auf mich!" „Dann sollten Sie mal hart durchgreifen!" „Haben Sie es schon einmal mit der nicht-reaktiven Erziehung nach Jacobson probiert?" „Am besten stecken Sie ihn in ein Internat!"

Ist es Ihnen auch schon mal so gegangen? Sie können sagen, was Sie wollen – prompt werden Sie mit Ratschlägen überhäuft. Es scheint gerade so, als ob die ganze Welt darauf wartet, dass Sie etwas Unbedachtes sagen, damit sie Ihnen einen Ratschlag geben kann. Natürlich meinen die anderen es gut mit Ihnen, trotzdem ist es lästig. Denn meistens möchten Sie diese Ratschläge gar nicht hören.

Versuchen Sie es mit Verständnis

Die meisten Menschen glauben: Wenn jemand klagt, braucht er einen Rat. Das Gegenteil ist der Fall: Er braucht Verständnis. Prüfen Sie sich selbst: Wenn Sie über etwas klagen, was hören Sie dann am liebsten? Eben. Was wir tun müssten, wissen wir oft selbst am besten.

> Geben Sie Menschen, die sich beklagen, keinen Rat, sondern Verständnis.

Wenn ein Mensch einen Ratschlag von Ihnen will, fragt er explizit danach: „Können Sie mir einen Rat geben?" Fragt er nicht, dann geben Sie ihm auch keinen.

Rechthaber langweilen

Vermeiden Sie unter allen Umständen „Rechthaber-Orgien". Erstens verlieren Sie selbst dann, wenn Sie gewinnen, denn wer mag schon einen Rechthaber? Zweitens kommen Sie sich danach albern vor und machen sich Vorwürfe. Und drittens schadet Streit der Atmosphäre.

Beispiel: Die Rechthaber-Orgie

„Und dann haben wir einen Abstecher nach Neapel gemacht. Kaum waren wir in der Stadt, war die Brieftasche weg. Diese Italiener klauen doch alles, was nicht niet- und nagelfest ist!" „Ach was, das ist doch nur in den Großstädten so. Auf dem Land schließen die Leute nicht einmal die Türen ab." „So? Einem Bekannten von mir haben sie im letzten Jahr mitten auf dem Land den kompletten Camper ausgeräumt!" „Aber das ist doch etwas anderes!" „Ach ja? Warum ist ein Taschendiebstahl etwas anderes als ein leergeräumter Camper?"

Sagen Sie selbst: Reden so erwachsene Menschen? Nein, das klingt nach Kindergarten. Und genau so sehen es die Umstehenden. Streithähne verlieren die Achtung der Gruppe.

Was machen Sie, wenn man Ihnen widerspricht?

Stoßen Sie auf einen Widerspruch, dann sollten Sie nicht dagegenhalten, sondern rückfragen. Zum Beispiel: „Was wollen Sie damit sagen?" „Was heißt das konkret?" Danach erklärt sich der andere, und Sie können ein Friedensangebot machen: „Na ja, vielleicht sollte ich das nicht so eindimensional sehen – aber ärgerlich war der Diebstahl schon."

Seien Sie nicht zu streng mit Ihren Gesprächspartnern

Um nicht wie ein Rechthaber zu wirken, sollten Sie auch darauf verzichten, andere zu korrigieren: „Mein Lieber, Sie verwechseln gerade Arbeitslosengeld und Arbeitslosenhilfe." Sind wir etwa im Bundestag? Nein. Wen interessiert dieser Unterschied beim Small Talk also? Da zählt nur, was der andere meint: dass die Stütze für Arbeitslose viel zu hoch ist, wie er findet. Also reden Sie darüber.

Fragen ist besser als Korrigieren

Was viele Menschen am Small Talk abschreckt, ist die Niveaulosigkeit vieler kleiner Gespräche. Manchmal ist es tatsächlich unerträglich. Wie reagieren Sie dann? Wenn jemand wirklich dummes Zeug redet: Reagieren Sie, aber weisen Sie ihn nicht zurecht. Nehmen Sie ihn ernst, und hinterfragen Sie ihn.

Beispiel: Vorurteile hinterfragen

„Sie glauben also, dass die meisten Italiener Diebe sind?" „Ja, so ungefähr." „Haben Sie das denn aus einer Statistik?" „Nein, aber das sagt man doch so. Und wie gesagt, mir haben sie die Brieftasche geklaut." „Und wie oft waren Sie schon in Italien?" „Na, vielleicht zwanzigmal oder so."

Sie merken schon: Je mehr Fragen Sie stellen, desto offensichtlicher wird, wie substanzlos die Äußerung war. Nach drei bis vier Fragen ...

- ... ist allen Anwesenden klar, dass hier jemand eine Dummheit geäußert hat. Sie können die Übung dann abbrechen – Sie haben Ihr Ziel erreicht. Und zwar viel leichter, als wenn Sie ihn zurechtgewiesen hätten. Dann hätte er nämlich eine Rechthaber-Orgie angezettelt.

- ... bemerken halbwegs intelligente Menschen, dass sie einen Bock geschossen haben, und korrigieren sich selbst.

Auch dann haben Sie Ihr Ziel besser als mit einer Zurecht-
weisung erreicht.

> Sie müssen Dummheiten nicht ertragen. Kontern Sie ruhig – aber mit
> Fragen.

Natürlich dürfen die Fragen nicht ironisch sein: Der Gefragte
bemerkt die Absicht sonst, und der latente Konflikt bricht auf.
Fragen Sie ganz sachlich.

Mitreden, nicht „mitprotzen"

Viele Menschen fragen sich, wann bzw. wie man am besten
Zitate von berühmten Persönlichkeiten oder anderes „Wissen"
in den Small Talk einstreut. Vorsicht, hier kommt es auf die
Dosierung an!

Setzen Sie Angelesenes richtig ein

Wenn Sie andere mit Zitaten, Anekdoten, Statistiken und
Ähnlichem beeindrucken wollen, merken die das natürlich.
Und halten Sie vielleicht für einen Angeber. Versuchen Sie
also gar nicht erst, Eindruck zu schinden, das fällt negativ auf
Sie zurück. Falls Sie ein Zitat verwenden, dann sollte es zum
Thema und zu Ihnen „passen". Mehr Tipps dazu, wie Sie Zitate
geschickt einsetzen, finden Sie übrigens im TaschenGuide
„Zitate für Beruf und Karriere".

Spielen Sie nicht den Experten

Wer mit falscher Bildung prahlt, fliegt immer auf. Das Pein-
lichste ist, wenn Menschen bei Themen mitreden, von denen

sie keine Ahnung haben, und dabei so tun, als wären sie der Experte auf dem Gebiet. Sie unterliegen einem großen Irrtum.

Manche Menschen glauben, wenn sie etwas nicht wissen, sind sie dumm. Ihre Gesprächspartner dagegen glauben: Wer etwas nicht weiß, der weiß es eben nicht.

Sich verstellen wirkt lächerlich

Die meisten Menschen sind bei Anlässen, bei denen man Small Talk pflegen sollte, etwas gehemmt. Wenn gar ein Manager oder ein Hochschulprofessor dabei ist, nimmt die Scheu noch zu. Wie wird diese Hemmung oft kompensiert? Indem man sich verstellt. Je fremder sich ein Mensch in einer Runde fühlt, desto mehr verstellt er sich. Doch die anderen spüren das meistens.

Bleiben Sie bei Ihrer Denk- und Redeweise

Stehen Sie zu dem, was Sie sind. Wenn jemand ohne akademische Bildung in einen Akademikerzirkel gerät, dann sollte er nicht versuchen, den Anwesenden nachzuplappern. Damit erreicht er nicht, dass er dazu gehört, sondern das Gegenteil. Man wird nicht als Gesprächspartner akzeptiert, indem man den „Jargon" der anderen nachahmt, sondern wenn man ihnen und ihrem Thema Respekt entgegenbringt.

Wie sollten Sie mit Ihrem Dialekt umgehen?

Beispiel:

Thomas ist Niederlassungsleiter einer Kunststoff-Firma im schwäbischen Reutlingen. Weil er so erfolgreich ist, soll er den Hamburger Kollegen während einer Schulungswoche an der Alster sein Vertriebskonzept näher bringen. Damit „mich überhaupt jemand versteht", redet er hochdeutsch – und macht alle Fehler, die ein Schwabe dabei machen kann: Er verwechselt Fuß und Bein (im Schwäbischen gibt es nur den Fuß), er bringt Mittag und Nachmittag durcheinander (Schwaben sagen zum Nachmittag auch Mittag), er verhaspelt sich im Satzbau und spricht viele Wörter falsch aus. Kurz: Er blamiert sich. Einen Tag lang. Danach „schwätzt" er schwäbisch. Sein Publikum ist begeistert und kommt aus dem Lachen gar nicht mehr heraus. Doch jetzt lacht es nicht über, sondern mit ihm.

Das Echte, Authentische überzeugt, das Gekünstelte hingegen wirkt lächerlich.

Wenn Sie also Mundart sprechen, dann sprechen Sie Mundart. Zeigen Sie den anderen jedoch Ihren Respekt, indem Sie sagen: „Wenn jemand etwas nicht versteht, bitte sofort Handzeichen geben. Wir übersetzen das dann gemeinsam ins Deutsche!" Das gibt immer einen Lacher, und Sie haben die Leute auf Ihrer Seite.

Meiden Sie Weitschweifigkeit

Der Endlos-Erzähler

Sicher kennen auch Sie Menschen, die vom Hundertsten ins Tausendste kommen: „Also, wir waren im August auf Sizilien, als uns dieses unglaubliche Ding passierte – Susanne wollte ja an die Adria, aber die ist mir in letzter Zeit zu überlaufen, und dann diese Algengeschichte vor ein paar Jahren, ich habe mir geschworen: nie wieder Adria, höchstens auf der anderen Seite, Kroatien, das müsste man mal ausprobieren, ich habe gehört, dort ..."

Und so weiter. Bis der Gute dieses angeblich so unglaubliche „Ding" endlich erzählt, sind seine Zuhörer vor Langeweile gestorben oder haben das Weite gesucht. Das kann Ihnen nicht passieren? Hoffentlich täuschen Sie sich nicht. Denn: Die meisten Endlos-Erzähler sind sich ihrer Weitschweifigkeit nicht bewusst.

Niemand will die ganze Geschichte hören

Die meisten Endlos-Erzähler reagieren pikiert, wenn man ihnen ihren qualvollen Erzählstil vorhält. „Aber ich muss doch die ganze Geschichte erzählen, sonst versteht man sie nicht!" Wenn Sie sich im Verdacht haben, den Bogen manchmal zu überspannen, dann machen Sie sich bewusst, dass Ihre Zuhörer nicht eine vollständige, sondern eine spannende Geschichte hören wollen.

Vollständige Geschichten sind langweilig. Spannende Geschichten beschränken sich aufs Wesentliche. Was ist an Ihrer Geschichte wesentlich? Zugegeben, Anekdoten und Geschichten erzählen zu können ist eine Fähigkeit. Aber man kann sie erlernen.

Der Haarspalter

„Dann sind wir also zum Kunden Meier rausgefahren nach … wie hieß das Nest noch mal? Oberpfarrkirchen? Oberpfaffenhausen? Oberdorfkirchen? Es war, glaube ich, irgendwas mit Kirche …" Auch das kennen wir als leidgeprüfte Zuhörer: Ein Erzähler beißt sich endlos an einem völlig nebensächlichen Detail fest, während sich alle anderen fragen: Wie geht denn die Geschichte nun weiter?

> Verzichten Sie auf Details. Details langweilen.

An Geschichten interessiert immer nur der Clou, der Gag, die Moral, die Pointe, das Interessante.

Die Stress-Quasselstrippe

In Gesprächssituationen fühlen sich viele von uns unsicher. Sie sind nervös. Wie äußert sich diese Nervosität? Es verschlägt ihnen die Sprache. Oder sie können sich nicht beherrschen und quasseln ohne Punkt und Komma.

Das geht, indem Sie sich dieser Angewohnheit bewusst werden. Nur das, was Sie sich bewusst machen, können Sie auch verändern. Achten Sie ein wenig auf sich selbst. Gehen Sie in den inneren Dialog: „Aha, ich bin nervös. Gleich fange ich wieder an zu quasseln. Also passe ich ein wenig auf, bis sich die Anfangsnervosität gelegt hat."

Wie Sie sich gegen Langweiler wehren

Wenn Sie ein Endlos-Erzähler oder Haarspalter unnötig auf die Folter spannt, müssen Sie das nicht klaglos ertragen – obwohl viele Menschen das tun. Daher rührt auch oft die Abneigung gegen Small Talk. Wenn Sie wissen, wie Sie sich wehren, können Sie das Gespräch besser genießen. Leiden Sie nicht stumm, sondern geben Sie ein Feed-back ohne Vorwurf. Sagen Sie also nicht: „Nun red doch nicht um den heißen Brei herum! Komm endlich auf den Punkt!"

Mit Fingerspitzengefühl lenken

Man kommt auch ohne das Klima vergiftende und womöglich beleidigende Vorwürfe aus. Zum Beispiel so: „Peter, uns interessiert nicht so sehr, wie das Dorf hieß, uns interessiert brennend, was denn nun bei Meier herausgekommen ist! Bitte erzähl es uns doch!"

Endlos-Erzähler und Haarspalter sind wie alte Analog-Schallplatten: Sie bleiben hängen. Statt nicht mehr zuzuhören und stumm zu leiden, hebt man die Nadel vorsichtig an, damit das Lied weitergeht.

> Bringen Sie Endlos-Erzähler und Haarspalter freundlich auf den Punkt zurück – auch mehrfach, wenn es sein muss.

Was Sie gegen Lebensgeschichten tun können

Sie kennen solche Zeitgenossen: Nach dem ersten Bier erzählt er Ihnen seine Lebensgeschichte. Sämtliche berufliche Erfolge seit Abschluss der Lehre werden ausgebreitet, er berichtet von seinen Frauen, seiner Hochzeit, seiner Scheidung, seinen Kindern ... Kurz: Ihr Gesprächspartner missbraucht Sie als „Mülleimer" für seine unerledigten Geschichten oder seine Profilneurose. Was tun?

Erst Verständnis, dann Themenwechsel

Die meisten Menschen hören sich die Endlosgeschichte notgedrungen an und ertränken ihren Frust im nächsten Glas. Funktioniert das? Nein, denn das bringt den anderen nicht dazu aufzuhören.

Wenn einer klagt, dann nicht, damit Sie Ihren Frust im Weinglas ertränken. Er möchte Verständnis. Und je mehr Sie ihm davon geben, desto schneller hört er auf zu erzählen. Deshalb nützen Versuche, das Thema zu wechseln, meist erst dann, wenn Sie ihm ausreichend Verständnis entgegengebracht haben. Das bedeutet im Extremfall: Menschen reden so lange, bis Sie ihnen geben, was sie wollen.

Beispiel:

> „Gestern hat sie mir wieder vorgeworfen, dass ich viel zu oft auf Geschäftsreisen bin. Ich finde, das geht zu weit!" „Hm, finde ich auch etwas überzogen. Schließlich müssen Sie sich ums Geschäft kümmern. Wer soll denn sonst das Geld ranschaffen?" „Ja, genau, sage ich auch." „A propos Geschäft: Ich habe gehört, Sie haben einen großen Auftrag an Land gezogen?"

Das Muster hinter diesem Themenwechsel ist deutlich zu erkennen und universell anwendbar: Sie können das Thema des anderen nicht einfach für beendet erklären. Erst müssen Sie es möglichst stark würdigen. Danach können Sie das Thema wechseln, am besten zu einem Thema, das für Ihren Gesprächspartner positiv besetzt ist.

Erliegen Sie nicht der Versuchung, Trost zu spenden

Viele Menschen versuchen, den Gesprächspartner zu bremsen, indem sie ihn trösten. „Nehmen Sie das nicht so schwer. Ihre Frau wird schon noch einsehen, wie wichtig Geschäftsreisen sind." Das funktioniert nicht, denn es tröstet den anderen nicht. Und zwar deshalb, weil er nicht das Gefühl hat, ernst genommen zu werden.

Wenn er dagegen Verständnis bekommt und dann sanft auf ein Thema hingewiesen wird, das ihm trotz Beziehungsstress große Freude bereitet (wie ein dicker Auftrag), tröstet ihn das mehr als jedes „tröstende" Wort.

Fragen verhindern Langeweile

Eine der Grundregeln des Small Talks ist: Wer viel fragt, verhindert, dass beim Gesprächspartner oder in der Gruppe Langeweile aufkommt. Wir haben auf den zurückliegenden Seiten immer wieder gesehen, wie Fragen das Gespräch retten können.

> Eine alte Management-Weisheit besagt: Wer fragt, führt.

Solange Sie Fragen stellen, wird ein Gespräch niemals versiegen, hängen oder peinlich werden. Solange Sie fragen, wird Ihnen immer etwas einfallen, das Sie sagen können. Fragen sind die Seele jedes Small Talks!

Falsche Fragen

Eine intelligente Frage peppt jedes Gespräch auf, gibt ihm Leben und Spannung. Doch auch das Fragen will gelernt sein! Betrachten wir einige Beispiele von Fragen, die im Small Talk nicht weiterhelfen:

– „War Ihr Urlaub schön?"

– „Kommt Kollege Meier nun zum Meeting oder nicht?"

– „Wie viele Kilometer sind es denn genau?"

Kein Zweifel: Das sind Fragen. Doch was kann man darauf schon antworten? „Ja." „Nein." „34 Kilometer." Kommt durch diese Fragen ein Gespräch zustande? Nein. Trotzdem gibt es Menschen, die immer wieder auf diese Weise fragen – und verzweifeln, weil das Gespräch immer einsilbiger wird, der

Gesprächspartner nicht zum Reden gebracht wird. Aber das ist kein Wunder!

> Geschlossene Fragen lassen ein Gespräch versiegen.

Geschlossene Fragen im weiteren Sinne sind alle Fragen, auf die man nur mit „Ja", „Nein", „Schwarz", „Weiß" etc., eben mit einem Wort antworten kann. Sie regen in der Regel nicht sonderlich an, mehr zu erzählen.

Richtige Fragen

Also formulieren Sie Ihre Fragen lieber so, dass man darauf mit mehreren Sätzen antworten kann. Diese Fragen nennt man „offene Fragen". Einige Beispiele:

– „Wie war Ihr Urlaub?"

– „Was hast du von Kollege Meier gehört?"

– „Weshalb dauert die Anfahrt denn so lang?"

Besonders ergiebig sind Fragen nach dem Grund, den Ursachen, Zusammenhängen und Motiven, also Fragen, die mit den Fragewörtern warum, weshalb, wozu beginnen. Für den Small Talk geeignet sind auch Fragen, die Erklärungen nach sich ziehen: Wie? Womit? Wodurch?

Small Talk für Fortgeschrittene

Wenn Sie sich vom Small-Talk-Anfänger zum Profi entwickeln möchten, sollten Sie noch einiges mehr als die grundlegenden Techniken beachten. Denn professionelles Plaudern fordert die ganze Persönlichkeit.

In diesem Kapitel lesen Sie, wie Sie

- taktische Fehler und Gesprächskiller vermeiden sowie Ihre Sprache von Ticks und Floskeln befreien,
- im Small Talk die Wünsche Ihrer Gesprächspartner nach Verständnis und Wertschätzung erfüllen und dabei auch selbst auf Ihre Kosten kommen,
- Ihr Auftreten durch Ihre Körpersprache perfektionieren.

Taktische Fehler

Wer Geschmack am Small Talk gefunden hat, beherrscht viele der bisher vorgestellten Techniken. Doch trotz zunehmender Sicherheit können Ihnen Fehler passieren, die Sie vielleicht hinterher bereuen.

Offenbaren Sie nicht zu viel von sich

Anfängern droht die Gefahr, zu viel zu sagen, nicht. Sie sind meistens noch so damit beschäftigt, ihre Hemmungen zu überwinden, dass sie viel zu wenig über die Lippen bringen und meist keine sehr persönlichen Dinge. Doch wer erst einmal munter drauflos redet, sollte sich vorsehen.

Beispiel: Zu viel gesagt!

Regine ist Kontakterin in einer Dortmunder Werbeagentur. Sie kommt mit ihren Kunden gut zurecht, bis auf die „schwierigen Kunden". Dazu gehört Elvira. Auf einem Kongress teilt der Agenturchef Regine als Betreuung für Elvira ein – ganze drei Tage.

Regine ist entsetzt. Einen Tag lang versucht sie, Elvira wenigstens außerhalb der offiziellen Anlässe aus dem Weg zu gehen. Doch am zweiten Tag beschließt sie: „Angriff ist die beste Verteidigung!" und setzt sich an Elviras Frühstückstisch. Sie beißt die Zähne zusammen und knüpft ein kleines Gespräch an. Elvira ist überrascht und erfreut, dass sich jemand freiwillig mit ihr unterhält, und redet deshalb viel zu viel. Sie plaudert aus dem Nähkästchen, gibt Vertrauliches preis.

Das Gespräch hat zwei unmittelbare Folgen: Elvira behandelt Regine seither mit Hochachtung, weil sie quasi die Einzige ist, die mit ihr „von Mensch zu Mensch" geredet hat. Und Regine lässt sich von Elvira nicht mehr beeindrucken, denn: „Sie weiß, dass ich sie in der Hand habe. Sie hat mir viel zu viel verraten."

So finden Sie das richtige Maß

Alle Menschen sprechen gern. Aber sagen Sie nicht zu viel! Die Gefahr ist umso größer, je stärker Ihr Mitteilungsbedürfnis ist und je emotionaler sie beim Thema sind. Wir freuen uns so, endlich mal wieder ein offenes Wort wechseln zu können, dass wir gern über das Ziel hinausschießen.

> Vorsicht: Small Talk bedeutet nicht, dem anderen das Herz auszuschütten.

Unterhalten Sie sich, aber fragen Sie sich auch: Wo liegen in diesem Gespräch die Grenzen, die ich nicht überschreiten sollte/will? Denn Small Talk dient, wie wir gesehen haben, der Entspannung, wir knüpfen unbeschwert Kontakte oder pflegen sie. Wenn wir unseren Gesprächspartner mit sehr persönlichen Informationen konfrontieren, überfordern wir ihn und die Situation. Noch ein Grund, der gegen zu viel Offenherzigkeit spricht: Sie kennen Ihr Gegenüber nicht gut oder arbeiten mit ihm zusammen. Sie könnten ihm also Informationen über sich liefern, die Ihnen eher schaden als nützen.

Lassen Sie sich nicht die Zeit stehlen

Viele Menschen bekommen beim Thema Small Talk ein schlechtes Gewissen, weil sie meistens länger „hängen bleiben", als ihre knappe Zeit es erlaubt. Sie überlegen deshalb, dass Sie lieber ganz auf den Small Talk verzichten sollten. Ein

Fehlschluss. Das Problem ist vermutlich ganz einfach: Sie können nicht nein sagen.

Zur richtigen Zeit nein sagen

Nein zu sagen fällt natürlich schwer, wenn eine Freundin aufgelöst anruft und sich über ihren Freund beklagt, während Sie zum Joggen wollen. Nicht nur bei solchen Themen hören viele zu und gehen auch auf „leichtere" Themen ein, weil sie sich dazu verpflichtet fühlen. Doch denken Sie daran: Sie sind immer zwei Personen verpflichtet: dem anderen und natürlich auch sich selbst.

Das heißt: Stellen Sie den Gesprächswunsch des anderen nicht über Ihre eigenen Wünsche. Lernen Sie aber, den Small Talk beziehungsgerecht abzukürzen oder zu beenden. Wie das geht, haben wir bereits beim Themenwechsel gesehen. Hier ein paar weitere Tipps dazu.

So geht's nicht

Beispiel: Einfach ablehnen

 „Du, stell dir vor, gestern haben wir schon wieder Flecken an unserer Badezimmerdecke ..." „Entschuldige, aber ich muss raus zum Kunden. Tut mir echt Leid, tschüss denn!"

Wie würden Sie sich behandelt fühlen, wenn Sie so rüde abgewürgt würden? Schlecht natürlich. Warum? Weil Sie brüskiert wurden. Sie wollten Verständnis und bekamen Ablehnung. Beim nächsten Treffen suchen Sie dann vielleicht nicht mehr das Gespräch oder steigen auf Small Talk-Angebote nicht mehr ein.

> Bevor Sie ein Gesprächsangebot ablehnen, zeigen Sie Verständnis für das Anliegen des anderen.

So sagen Sie beziehungsgerecht nein

Beispiel: Verständnis signalisieren

 „Du, stell dir vor, gestern haben wir schon wieder Flecken an unserer Badezimmerdecke entdeckt! Aber unsere Nachbarn reagieren überhaupt nicht auf unsere Nachfragen! Wie soll man denn da noch friedlich nebeneinander wohnen?" „Also, das ist ja ärgerlich! Sicher nicht leicht, da noch ruhig zu bleiben. Ich würde mich wirklich gern mit dir darüber unterhalten, aber ich muss leider sofort zu einem Kunden. Wir wollten doch sowieso diese Woche mal auf ein Bier gehen!"

Wenn Sie schon etwas Erfahrung mit Small Talk haben, wissen Sie, dass es eine Turbo-Version gibt: Man kann auch in wenigen Sätzen ein für beide Seiten befriedigendes Gespräch führen, um es danach kurz und schmerzlos zu beenden.

Denn beim Small Talk spielt die Quantität keine Rolle, sondern immer nur die Qualität. Wenn Sie dem anderen in zwei Minuten Verständnis und Anerkennung vermitteln können, ist das Gespräch zur beiderseitigen Zufriedenheit verlaufen.

Gesprächskiller

Manche Bemerkungen können jedem Gesprächsteilnehmer das Vergnügen verderben oder dem Small Talk ein Ende setzen. Auch hier gilt es, sich selbst zu beobachten, um seine eigenen Gesprächsgewohnheiten in den Griff zu bekommen. Kommt der „Gesprächskiller" von Ihrem Gegenüber, gibt es zahlreiche Möglichkeiten, darauf souverän zu reagieren.

Sarkasmus, Ironie, Zynismus

Die Gesprächskultur der westlichen Industrienationen wird unglaublich schnell persönlich:

- „Sie haben sich einen Ferrari gekauft? Na ja, wem das Geld egal ist ..."

- „Natürlich reklamiert der Kunde da. Oder dachten Sie, er bezahlt uns dafür, dass wir ihm Ausschuss liefern?"

- „Also, ich würde meine Pölsterchen nicht mit einem derart aufreizenden, bauchfreien Top zur Schau stellen."

Ironie wirkt oft verletzend

Ironie ist etwas Schönes – solange sie nicht persönlich wird. Leider wird das oft nicht berücksichtigt. Achten Sie einmal darauf: Wir tun das gewohnheitsmäßig, und deshalb fällt uns gar nicht mehr auf, dass wir den anderen damit verletzen.

So äußern Sie Ihren Ärger neutral

Sollen Sie es wortlos ertragen, wenn jemand mit seinem Reichtum angibt? Nein, wir hatten ja gesehen, dass die Interessen beider bzw. aller Gesprächspartner gleich wichtig sind. Wie äußern Sie Ihren Ärger also gesprächsverträglich?

- Per Ich-Botschaft: „Mir ist mein Geld zu schade, um mir ein Auto davon zu kaufen." „Na ja, teuer ist der Ferrari schon – aber er ist eben ein Jugendtraum!" Das Gespräch läuft ohne Missstimmung weiter, und Sie sind durch die Reaktion Ihres Gesprächspartners sogar bei einem richtig tollen Small Talk-Thema gelandet: Jugendträume.

- Per Frage: „Warum erstaunt Sie die Reklamation des Kunden?" „Weil für ihn dieser spezifische Mangel überhaupt keine Rolle spielt." „Tatsächlich? Erzählen Sie mal!" Das Gespräch läuft locker weiter

Versteckte Vorwürfe

Gerade die kleinen und scheinbar harmlosen Gespräche stecken oft voller heimlicher Vorwürfe:

- „Das Gartentorschloss klemmt schon lange. Aber das merkt man natürlich nicht, wenn man (wie du!) keine Gartenarbeit macht."

- „Ich habe Ihnen gestern eine E-Mail geschickt, weil ich Sie seit Tagen telefonisch nicht erreichen kann (Sie haben gefälligst erreichbar zu sein!)."

Talken Sie vorwurfsbereinigt!

Small Talk ist oft unerträglich, wenn zwei Beziehungspartner beteiligt sind. Denn die bringen gern Vorwürfe in ihren Aussagen unter. Doch ständige Sticheleien vergiften das Gesprächsklima – und natürlich vor allem das Beziehungsklima.

Das kommt übrigens nicht nur bei Ehepaaren vor, sondern auch bei langjährigen Geschäftspartnern.

> Wer versteckte Vorwürfe im Small Talk unterbringt, führt das falsche Gespräch.

Versteckte Vorwürfe bringen gar nichts. Im Gegenteil. Sie eskalieren und vergiften die Atmosphäre. Außerdem: Vorwürfe gehören nicht in einen Small Talk. Wenn Sie einen Konflikt bereinigen wollen, dann führen Sie ein Konfliktgespräch. Sie schalten ja auch nicht den Backofen an, wenn Sie fernsehen wollen.

Hinweis: Wie Sie Konflikte im Berufsleben erkennen und lösen, erfahren Sie im TaschenGuide „Konflikte im Beruf".

So vermeiden Sie Vorwürfe

Zwei der besten Instrumente, um Vorwürfe zu vermeiden, kennen Sie schon. Erinnern Sie sich? Es sind:

- Ich-Botschaften: „Ich komme mir bei der Gartenarbeit so einsam und verlassen vor. Ich habe den Eindruck, dass der Garten nur meine Angelegenheit ist und du ihn lieber zum Rasen einsäen würdest." Der andere wird nicht provoziert und kann sich erklären.

- Fragen: „Kann es sein, dass Sie gestern nicht erreichbar waren?" Fragen sind das beste Mittel, um Gespräche nicht eskalieren zu lassen und die Sachbotschaft („Deshalb sprechen wir erst heute miteinander") trotzdem zu vermitteln.

Wenn Sie angegriffen werden

Dass Sie gut und gern auf verletzende Ironie, Zynismus, Sarkasmus und versteckte Vorwürfe verzichten können, heißt noch lange nicht, dass anderen das auch gelingt. Oft können sie es nicht. Lernen Sie deshalb, zwischen gutmütigen und bösartigen Sticheleien zu unterscheiden und damit so umzugehen, dass Sie nicht verletzt sind oder verletzend werden.

Spielen Sie einfach mit

Vor allem Männer sticheln gern: „Na, Ihr letztes Projekt war ja ein Riesendesaster." Viele Small Talk-Neulinge reagieren auf so eine Bemerkung sprachlos, schockiert und vielleicht sogar beleidigt. Dabei machen gerade Männer solche Kommentare oft mit einem Augenzwinkern. Achten Sie auf die entsprechenden Körpersignale, und vergegenwärtigen Sie sich:

> Gutmütige Frotzeleien sind ein beliebtes Small Talk-Spielchen.

Es ist wie beim Autoscooter auf dem Volksfest: Man kollidiert zwar miteinander – aber Sie sitzen in einem Spielauto. Spielen Sie also einfach mit. Warum sticheln Menschen gegeneinander? Weil es leicht ist und weil man damit garantiert ein gemeinsames Thema gefunden hat. Sticheln Sie mit! Es ist nur ein Spiel. Bevor es verletzend wird, können Sie sich immer noch abgrenzen oder aussteigen.

So reagieren Sie locker auf Angriffe

- Selbstironie ist der beste Spielzug, denn sie zeugt von einem unerschütterlichen Selbstvertrauen: „Klar war das ein Desaster. Ich schleiche seither nur noch mit Sonnenbrille und Trenchcoat durch die Firma."

- Wenn Sie richtig selbstbewusst sind, können Sie sogar noch einen drauf setzen: „Desaster? Nein, mein Lieber, das war eine Jahrhundertkatastrophe."

- Wenn Ihnen nicht der Sinn nach Selbstironie steht, fahren Sie eine gepflegte Retourkutsche: „Na, dann können wir uns ja die Hand reichen. Denn nach allem, was man hört, war Ihre letzte Kampagne auch nicht gerade der Hit."

Den anderen abwerten

Abwertungen sind Gesprächstorpedos, die meistens unabsichtlich abgefeuert werden:

- „Na, so schlimm ist es doch auch wieder nicht."

- „Nun übertreiben Sie mal nicht."

- „Das hast du sicher falsch verstanden."

Dass solche versteckten Unverschämtheiten in einem Gespräch zwischen zivilisierten Menschen auftauchen, zeugt nicht gerade von einer fortschrittlichen Gesprächskultur.

Unsere Fähigkeit zum Respekt zeigt sich gerade, wenn der andere Unsinn redet. Sind wir auch dann noch fähig, ihn zu respektieren?

Lernen Sie, Inhalt und Person voneinander zu trennen: Korrigieren Sie den Inhalt – nicht die Person. Wie das geht? Auch das wissen Sie bereits: mit Ich-Botschaften und Fragen.

> Eines der obersten Gebote des Small Talks lautet: Respektiere den anderen!

Auf Abwertungen reagieren

Dass Sie sich Abwertungen verkneifen, heißt nicht, dass andere es auch tun. Im Gegenteil, Sie werden relativ häufig damit konfrontiert werden: „Ich verstehe überhaupt nicht, warum Sie solchen Bammel vor der Steuererklärung haben. Das ist eine Sache von zwei Stunden." Nach so einer Abwertung begehen viele meist einen von zwei Fehlern: Sie

- kochen stumm vor sich hin oder
- verteidigen sich beleidigt: „Ich bin eben kein Steuerfachmann wie Sie!"

Grenzen Sie sich in solchen Situationen ab

Beide Reaktionen sind unbefriedigend. Die erste bringt Ihnen nichts außer Ärger. Die zweite ebenfalls, denn sie provoziert einen Streit: „Ich bin auch kein Experte! Aber das kann doch inzwischen jedes Kind!" "Wenn das so einfach ist, wozu gibt es dann Steuerberater?„ Und so weiter. Das ist zwar auch unterhaltsam, aber kein Small Talk.

> Menschen ohne Gesprächskompetenz verteidigen sich. Menschen mit Gesprächskompetenz grenzen sich ab.

Sich abzugrenzen ist eine Fähigkeit, die erlernt werden kann. Es bedeutet einfach: Deutlich und höflich die Grenze zwischen sich und dem anderen ziehen. Sich abzugrenzen heißt, für den Standpunkt des anderen Verständnis zeigen, aber nicht vom eigenen Standpunkt abweichen. In unserem Beispiel könnten Sie so reagieren: „Schön, dass Ihnen die Steuererklärung keine Probleme bereitet. Ich finde sie furchtbar kompliziert."

Weitere Möglichkeiten der Abgrenzung:

- „Ich verstehe, dass dir das nicht gefällt. Bitte versteh du auch, dass es mir wichtig ist."

- „Natürlich sieht das bei Ihnen ganz anders aus. Bei mir ist es leider so; da beißt die Maus keinen Faden ab."

- „Sicher fällt es Ihnen schwer, sich in meine Haut zu versetzen. Aber ich stecke nun mal drin."

- „Ich akzeptiere Ihren Standpunkt. Akzeptieren Sie auch meinen?"

Vermeiden Sie Sprachmüll

Wenn Sie Politikern zuhören, fallen Ihnen die vielen hohlen Floskeln, nichts sagenden Formulierungen und Allgemeinplätze auf. Das ist so genannter Sprachmüll, der zwar mit viel Aufwand produziert wird, ein vernünftiges Gespräch aber nur belastet.

Entrümpeln Sie Ihr Small Talk-Vokabular

Leider steckt in jedem von uns ein kleiner Politiker. Wir alle wollen als etwas Besseres erscheinen, als wir sind. Deshalb blasen wir uns verbal auf.

Natürlich bemerken die anderen dies. Deshalb gilt: Vermeiden Sie beim Small Talk Sprachmüll in jeder Form! Das wird nie ganz gelingen. Doch wenn Sie immer mal wieder unnötige Wiederholungen, Floskeln und Fremdwörter aus Ihrem Sprachgebrauch verbannen, halten Sie Ihre Sprache für andere angenehm und wirkungsvoll. Sie üben sozusagen Sprachhygiene. Und Sauberkeit zahlt sich bekanntlich aus.

Wiederholungsticks

Der Mensch ist ein Gewohnheitstier. Hat er erst mal ein Lieblingswort gefunden, kommt er nicht mehr davon los. Viele sagen zum Beispiel ständig „sozusagen", „und so weiter", „total", „nicht wahr?". Bei anderen fällt uns der Wiederholungstick sofort auf – bei uns selbst nicht.

Das nennt man den blinden Fleck der Eigenwahrnehmung. Überwinden Sie ihn, indem Sie sich ganz bewusst zuhören und sich fragen: Welches Wort wiederhole ich zu oft? Dann können Sie diese Marotte, die anderen auf die Nerven geht, abstellen.

Floskeln

Wenn Peter etwas nicht gut findet, sagt er: „Das ist auch nicht das Gesündeste!" Beim ersten Mal ist das lustig, schon beim zweiten Mal wird es als Floskel wahrgenommen. Floskeln langweilen und gelten als oberflächlich.

Floskeln geben Sicherheit, aber sie nerven

Beispiel: Je öfter, desto schlechter

Ferdinand ist Telefonverkäufer. Wenn er seine Stammkunden anruft, sagt er jedes Mal: „Ich begrüße Sie ganz herzlich!" Gerade weil diese Wendung so auffällig von der üblichen Grußformel abweicht, bemerken es die Kunden und es geht ihnen durch die ständige Wiederholung schrecklich auf die Nerven.

Wird Evelyn nach Ihrer Beurteilung von Mitarbeitervorschlägen gefragt, sagt sie jedes Mal: „Nach eingehender Prüfung sind wir zu der Auffassung gelangt ..." Weil sie diese Floskel so oft benutzt, sagen die Mitarbeiter hinter vorgehaltener Hand: „‚Eingehende Prüfung' heißt wohl, sie hat es gleich in den Papierkorb geworfen!"

Warum verwenden wir so oft Floskeln? Weil sie Sicherheit geben. Wer immer wieder „in diesem unserem Lande" sagt, bewegt sich auf sicherem Terrain, riskiert nichts. Und er gewinnt erst einmal Zeit, um zu überlegen, wie es anschließend weitergeht. Auf andere wirkt die häufige Verwendung immer gleicher Wendungen eher lächerlich oder sogar abstoßend. Wer Floskeln verwendet, riskiert also nur, nicht ernst genommen zu werden.

Durchforsten Sie Ihren Sprachgebrauch auf Floskeln und verbannen Sie sie.

Um sicherzugehen, können Sie dazu auch gute Freunde befragen – diese werden Ihnen sicherlich auf Anhieb einige Ihrer sprachlichen Marotten nennen können.

Übersetzen Sie Ihre Floskeln in die tatsächliche Bedeutung

Wer eine eigene Meinung hat, braucht keine Floskeln. Also feilen Sie lieber an der eigenen Meinung als an den Floskeln. Das macht etwas mehr Mühe, zahlt sich aber aus. Und dann übersetzen Sie die Floskeln, die Ihnen noch immer ganz automatisch auf der Zunge liegen, ganz einfach in das, was sie eigentlich bedeuten.

Fremdwörter

Wer beim Small Talk zu viele oder zu ausgefallene Fremdwörter benutzt, wirkt snobistisch und oberlehrerhaft. Ersetzen Sie Fremdwörter deshalb möglichst konsequent. Sprechen Sie einfach. Manchmal geht es natürlich nicht ohne. Vor allem, wenn die Fremdwörter etwas treffender erklären als das deutsche Wort oder wenn sie gebräuchlich sind.

Fachbegriffe aus Ihrem Beruf, die Ihren Gesprächspartnern vermutlich unbekannt sind, sollten Sie ebenfalls vermeiden. Oder sie zumindest nebenbei mit ein, zwei Wörtern erläutern.

So werden Sie zum Small Talk-Profi

Erfolgsfaktor Wunscherfüllung

Schon mit relativ wenig Gesprächserfahrung werden Sie bemerken: Manche Gespräche laufen super, andere wieder nicht. Was macht den Unterschied aus? Klar: ob man sich verstanden hat, ob die Chemie stimmt.

Gespräche laufen gut, wenn alle bekommen, was sie wollen

Doch wann entsteht eine stimmige Chemie? Das ist im Grunde ganz einfach: Ein Gespräch gelingt dann, wenn alle das bekommen, was sie wollen.

Einer der wesentlichen Faktoren für den Gesprächserfolg (und für Erfolg überhaupt) ist die Wunscherfüllung. Geben Sie dem anderen, was er sich wünscht, holen Sie sich, was Sie sich wünschen – und es wird automatisch ein gutes Gespräch. Sie sehen daran:

> Was Sie sagen, ist gar nicht so wichtig. Also zerbrechen Sie sich nicht den Kopf über Ihre Wortwahl. Viel wichtiger ist, dass Sie die Wünsche des anderen erfüllen.

Probates Mittel bei schwierigen Gesprächspartnern

Die Wunscherfüllung ist auch das einzig sichere Rezept, mit dem Sie selbst mit gänzlich unsympathischen oder schwierigen Menschen Small Talk pflegen können. Wenn Sie mit jemandem überhaupt nicht klar kommen, fragen Sie sich einfach: Was will dieser Mensch von mir? Mit dieser Frage und der Antwort darauf wird es Ihnen in brenzligen Situationen schon viel besser gehen.

- Ein zickiger Chef will Sie nicht quälen – er will lediglich Dampf ablassen, weil ihn irgendetwas anderes aufgeregt hat. Lassen Sie ihn. Er meint ja nicht Sie.

- Ein nörgelnder Beziehungspartner will Ihnen nicht klar machen, dass man zum Dinner keine Karos trägt. Er will nur seinen Frust loswerden und ergreift dabei den erstbesten Vorwand. Helfen Sie ihm bei der Frustbewältigung.

- Jemand, der beim Small Talk ständig mit seinen beruflichen Erfolgen oder Hobbys daherkommt, will Sie nicht langweilen. Er ist einfach ein armer Kerl, der keine interessanten Themen kennt, aber trotzdem mit einer Menschenseele reden und anerkannt werden will. Sprechen Sie mit ihm, geben Sie ihm Anerkennung. Das kostet Sie nichts.

Menschen wollen Zustimmung

Was wünschen sich Menschen am häufigsten in einem Gespräch? Ganz einfach: Zustimmung. Hört sich banal an? Sicher, doch diesem einfachen Wunsch verweigern wir uns ständig.

> Verweigerte Zustimmung ist einer der häufigsten Gesprächskiller.

Reagieren Sie mit Verständnis statt mit Ratschlägen

Beobachten Sie die Gespräche um sich herum einmal (und danach Ihre eigenen):

- „Mein Kleiner schläft nicht durch, ich bin total übernächtigt!" „Dann versuch es doch einfach mal mit ..." Wollte die Freundin das hören? Nein, sie wollte keinen Rat, sie wollte Zustimmung: „Ja, das glaube ich, das geht einem an die Kondition, was?"

- „Erstaunlich, wie weit er in seinem Alter noch joggt, nicht wahr?" „Na ja, wenn man so oft trainiert wie er." „Aber erstaunlich ist es doch, oder?" Hier hört einer einfach nicht zu: Der Partner will keine Erklärung, er will Zustimmung: „Ja, das wundert mich auch immer wieder."

- „Ich habe heute überhaupt keine Lust aufs Arbeiten." „Komm, reiß dich am Riemen, man muss auch mal ohne große Lust arbeiten können." Wer will das hören? Wohl eher will man hören: „Das kenne ich, so geht's mir manchmal auch."

Sie können davon ausgehen, dass das Gespräch wunderbar verläuft, wenn Sie den Menschen zustimmen – egal, was diese sagen.

Erst zustimmen, dann widersprechen

Selbst wenn Sie jemandem widersprechen wollen, stimmen Sie ihm erst einmal zu. Also nicht: „Nein, das finde ich gar nicht!", sondern: „Ja, das kann ich gut verstehen. Ich finde allerdings, dass man auch ..."

> Stimmen Sie erst zu – danach können Sie sich ohne Probleme abgrenzen.

Auf Widerspruch reagiert jeder empfindlich: Das Gespräch eskaliert oder stockt. Warum? Weil Menschen Widerspruch persönlich nehmen. Sie glauben, dass Sie mit Ihrem Widerspruch nicht ihre Meinung, sondern sie selbst ablehnen. Also zeigen Sie zuerst mit Ihrer Zustimmung, dass Sie die Person selbst respektieren. Je mehr Wünsche Sie Ihren Gesprächspartnern erfüllen, desto besser läuft Ihr Small Talk und desto mehr werden Sie beachtet und geachtet.

Menschen wünschen sich Aufmerksamkeit

Was wünschen sich Menschen neben Zustimmung? Aufmerksamkeit! Überprüfen Sie Ihr Small Talk-Verhalten. Widmen Sie den anderen genug Aufmerksamkeit, und zeigen Sie es ihnen auch? Sie verweigern Ihrem Gegenüber die gewünschte Aufmerksamkeit, ohne es zu merken geschweige denn zu wollen, wenn Sie ...

- ... aus den Augenwinkeln die Dinge um sich herum betrachten, während der andere spricht.

- ... stumm wie ein Fisch zuhören, anstatt Aufmerksamkeitssignale wie „hm", „aha", „ja", „sicher" von sich zu geben.

- ... in Ihrer Mimik, Gestik und Körperhaltung nicht die Mimik, Gestik und Körperhaltung des anderen spiegeln.

- ... seine Gefühle nicht spiegeln.

Aufmerksamkeit muss man bewusst signalisieren; das geschieht nicht von allein. Wann immer Sie mit Menschen reden, fragen Sie sich also: Bin ich aufmerksam? Zeige ich das auch? Wie? Kommt das Signal an?

So zeigen Sie Interesse

Wirkliches Interesse bedeutet nicht, mit offenem Mund zu-zuhören. Es bedeutet auch nicht, Kommentare von sich zu geben wie

- „Das ist ja hochinteressant!"
- „Wie spannend!"
- „Ach ja, tatsächlich?"

Sie wissen es inzwischen: Das sind Floskeln, die Interesse heucheln sollen und rasch enttarnt werden. Interesse erkennt man, wie wir ebenfalls schon gesehen haben, an Fragen. Wenn Sie etwas interessiert, möchten Sie mehr und Genaue-res wissen. Also fragen Sie.

Signalisieren Sie Verständnis
Die Floskeln verraten uns

Wir sind ja alle so tolerant und verständnisvoll – von wegen! Das Gegenteil ist der Fall. Die Floskeln, mit denen wir Unver-ständnis bekunden, werden anderen tagtäglich nur so um die Ohren gehauen:

- „Sie finden das zu komplex? Das verstehe ich nicht!"
- „Was gibt es da für ein Problem?"
- „Wieso ist das zu schwierig?"
- „Ich verstehe nicht, wie Sie das sagen können!"

Gewiss: In dem Moment, in dem wir das sagen, verstehen wir den anderen tatsächlich nicht. Aber dass Sie den anderen nicht verstehen, heißt noch lange nicht, dass Sie ihm das auch mitteilen müssen!

So vermitteln Sie dem anderen Verständnis

Der andere fühlt sich durch solche Reaktionen zurückgewiesen. Denn die Botschaften, die er dahinter vermutet, lauten: „Ich will dich nicht verstehen." Oder: „Mensch, bist du dumm!" Wollen Sie das vermitteln? Bestimmt nicht – zumindest nicht immer.

> Wenn Sie Unverständnis in sich aufsteigen fühlen, halten Sie bewusst inne, und bemühen Sie sich um Verständnis.

Die Auswahl der Formulierungen, die Ihnen in solchen Momenten helfen, ist groß. Wie wäre es mit:

- „Augenblick mal – erklären Sie mir, was Sie darunter verstehen?"

- „Ich verstehe ja, dass du betroffen bist. Aber was macht dich so wütend?"

- „Tatsächlich? Sie finden das schwierig? Warum denn?"

- „Ich stehe gerade auf dem Schlauch – warum geht das nicht?"

Womit bekunden dagegen die meisten Menschen ihr Verständnis? Mit der Floskel „Ich verstehe dich". Das ist eine Antwort, hinter der sich meist Unverständnis versteckt. Denn Verständnis bekundet man nicht, man zeigt es. Verständnis kommt von „verstehen". Und wenn man nicht verstanden hat, kann man auch kein Verständnis zeigen. Wer verstanden hat, muss sein Verständnis nicht beteuern, er kann es zeigen:

- „Wenn Sie es so erklären, dann ist mir das auch klar."
- „Ach so, du hast noch nie mit Excel gerechnet – dann ist das allerdings ein Problem!"
- „Sie haben damit schlechte Erfahrungen gemacht? Dann ist mir klar, warum Sie sauer sind."

Das ist Verständnis. Denn hier hat jemand etwas verstanden und zeigt es auch. Und das merkt der Gesprächspartner.

Bezeugen Sie Respekt

Respekt ist eine Tugend, die uns heutzutage weitgehend abhanden gekommen ist. Wie wertvoll sie ist, erkennen Sie an ihrer Wirkung: Allein mit Respekt können Sie schon tadellose Gespräche führen. Je respektloser Sie sind, desto schwerer tun Sie sich im Small Talk.

Sind Sie manchmal aus Versehen respektlos?

Im täglichen Gespräch finden sich zahlreiche Respektlosigkeiten, Zeichen dafür sind zum Beispiel:

- Den anderen ständig zu unterbrechen – das passiert meist unbewusst. Aber das heißt nicht, dass es entschuldbar ist, sondern dass man es sich bewusst machen sollte!
- Deutlich mehr zu reden als die anderen – ebenfalls eine unbewusste Respektlosigkeit. Small Talk ist paritätisch: Jeder soll etwa gleich lange zu Wort kommen.

- Gesprächskiller wie Vorwürfe, Angriffe oder Abwertungen.

- Sprachmüll wie Wiederholungen und Floskeln.

- Rechthaber-Orgien sind zwar unterhaltsam, hinterlassen aber allseits einen faden Geschmack.

Gerade dann, wenn man anderer Meinung ist, sollte man sich um Respekt bemühen. Das ist wahre Größe, die einem Gespräch gut tut. Bevor Sie also widersprechen, überlegen Sie, ob Sie es nicht respektvoll versuchen könnten.

So schließt sich der Kreis

Aufmerksamkeit, Zustimmung, Interesse, Verständnis und Respekt zu signalisieren – das ergibt im Small Talk einen geschlossenen Kreis:

Der Kreislauf der Wunscherfüllung

- Das erste Gebot im Gespräch ist Aufmerksamkeit.

- Wenn Ihre Aufmerksamkeit dem anderen eine Äußerung entlockt, dann geben Sie dieser Ihre Zustimmung.

- Dann zeigen Sie Ihr Interesse am Angesprochenen.

- Sie versichern ihn Ihres Verständnisses.

- Sie bezeugen ihm den gebührenden Respekt.

- Sie verfolgen seine Äußerungen aufmerksam – und so weiter.

Die Reduktionsformel: Lassen Sie den anderen gelten

Falls Sie den Kreislauf von Aufmerksamkeit bis Respekt etwas komplex finden: Es geht auch einfacher. Wie formulierten es unsere Großmütter? „Man muss den anderen gelten lassen."

Akzeptieren Sie einfach seine andere Meinung. Er ist nicht seltsam, er ist einfach nur anders. Lassen Sie ihn gelten. Das tut dem Gespräch gut, und es tut Ihnen gut. Gewiss, diese Fähigkeit zur Toleranz kommt nicht über Nacht. Wer sein Leben damit verbracht hat, anderen zwischen den Zeilen seine Meinung aufzudrängen, wird dieses Laster nicht im Handumdrehen los. Aber mit etwas Geduld und Übung ist das kein Problem. Auch daran erkennen Sie:

> Small Talk ist weniger eine Frage der Gesprächstechnik als der geistigen Haltung.

Die tollste Fragetechnik nützt nämlich wenig, wenn Sie finden: „Ich muss immer und überall Recht haben!"

Ziele erreichen mit Small Talk

Es liegt auf der Hand, dass ein Mensch, der einem anderen mit Aufmerksamkeit, Interesse, Verständnis und Respekt gegenüber tritt, den Gesprächspartner manipulieren kann. Denn wo bekommt ein Mensch heute noch diese für die seelische Gesundheit unerlässlichen Dinge geschenkt?

Die entscheidende Frage ist: War es das wert?

Besonders typisch ist dies für Verkaufssituationen: Ist der Verkäufer ein netter Plauderer, bekommen Sie die gewünschte Aufmerksamkeit und der Verkäufer den Umsatz. Im Alltag geht es dabei nicht selten um die kleinen Freuden des Alltags, etwa die frischen Brötchen oder den besonders saftigen Schinken. Sie schmecken bei einem bestimmten Bäcker oder Metzger häufig nur deshalb besser, weil wir mit ihm über dies und das sprechen können und dabei das Gefühl haben, dass er sich für uns interessiert.

Das zeigt uns zweierlei: Erstens wissen natürlich auch gute Verkäufer, wie Small Talk funktionieren kann – dem anderen Aufmerksamkeit schenken, seine Sympathie gewinnen, um seine Interessen besser durchzusetzen. Ein Small Talk-Profi zu sein bedeutet also auch, sich beim Umgang mit anderen Small Talk-Profis bewusst zu sein, dass diese Sie unter Umständen zu bestimmten Handlungen bewegen möchten. Damit bewahren Sie sich Ihre Handlungsfreiheit.

Wir alle freuen uns über Aufmerksamkeit und Zustimmung. Deshalb ist zweitens für unser Wohlbefinden die Frage entscheidend: War es das wert? Haben wir einen fairen Tausch gemacht? Die Antwort ist in vielen Fällen: Ja.

Es lohnt sich für beide

Sehen Sie sich Spitzenverkäufer, Topberater, Supermanager und Partylieblinge an, also Menschen, die Erfolg haben und beliebt sind. Sie werden schnell feststellen: Je weiter es ein

Mensch im Leben gebracht hat, desto besser kann er seine Interessen durchsetzen.

Wie er das macht? Ganz einfach: Er redet mit den Menschen. Er macht Small Talk. Dabei erfüllt er ihnen ihre Wünsche. Er

- nimmt sie ernst,
- lacht über ihre Witze,
- drängt ihnen keine unerwünschten Ratschläge auf, sondern zeigt Verständnis für ihre Probleme,
- geht auf ihre Sorgen und Nöte ein,
- zeigt ihnen Respekt,
- lacht, schimpft, trauert und feiert mit ihnen.

Also: Wenn Sie bestimmte Ziele erreichen möchten, machen Sie Small Talk mit Ihrem Partner, Ihrem Chef, Ihrem Kunden und Kollegen. Und wenn er Ihnen danach einen Wunsch erfüllt, dann haben Sie einen fairen Tausch gemacht. Sie haben etwas bekommen und er genauso.

Erfüllen Sie sich Ihre Wünsche

Sie haben jetzt eine Menge darüber gelernt, wie Sie „ankommen", indem Sie anderen ihre Wünsche erfüllen – wer aber erfüllt Ihre Wünsche?

Sie sollten nicht nur geben, sondern auch bekommen

Man kann nicht nur geben. Man muss auch bekommen. Denn schließlich erwarten wir auch Aufmerksamkeit und Respekt für uns selbst. Diese Erwartung ist verständlich, führt aber fast immer zu einer Gesprächsstörung. Nämlich genau dann, wenn wir etwas erwarten, was wir nicht bekommen können, weil der andere unseren Wunsch nicht spürt oder uns nicht das geben kann, was wir wollen.

Beispiel: Enttäuschte Erwartungen

> „Ich finde den neuen James-Bond-Film einfach toll." „Ach, so was Pubertäres schauen Sie noch an?" „Der neue Hauptdarsteller ist klasse." „In seiner letzten Rolle fand ich ihn besser." „Aber die Tricks waren wieder super!" „Also ich lege mehr Wert auf Handlung." „Die Handlung war diesmal echt gut." Und so weiter. Das Gespräch läuft offensichtlich schief. Warum? Weil ein Partner Erwartungen hat, die der andere nicht erfüllt. Er erwartet Zustimmung, bekommt sie aber nicht.

Prüfen Sie Gesprächspartner, aktuelles Gesprächsthema und Situation bewusst: Werden Ihre Wünsche erfüllt?

Was tun, wenn Sie bemerken, dass der andere nicht auf Sie eingeht? Aber der Kontakt gerade mit ihm wichtig ist, z. B. aus beruflichen Gründen? Dann stellen Sie Ihre Erwartungen zurück, und schalten Sie radikal um: Wenn der Partner schon unfähig ist, auf Sie einzugehen, so gehen Sie wenigstens auf ihn ein. Das rettet das Gespräch.

Wenn das Gespräch mit dieser einen Person jedoch nicht für Ihr Networking oder berufliches Fortkommen unbedingt notwendig ist, sollten Sie sich einen „geeigneteren" Partner suchen. Ein Partner, von dem Sie wissen, dass er Ihnen gibt, was Sie sich wünschen.

Erziehen Sie sich Ihre Small Talk-Partner

Wenn Ihnen diese Lösung zu resignativ ist, können Sie Ihr weniger gesprächskompetentes Umfeld auch erziehen. Natürlich nicht mit Vorwürfen: „Hör mal, wenn ich den Bond prima finde, dann musst du ihn nicht um jeden Preis runtermachen!" Vorwürfe sind das denkbar ungeeignetste Erziehungsinstrument. Geben Sie lieber Feed-back: „Ich verstehe, dass du nicht auf Actionfilme stehst. Ich wäre dir trotzdem dankbar, wenn du meine Vorlieben gelten lassen würdest. So wie ich deine gelten lasse."

Körpersprache beim Small Talk

Wer noch mit Sprechhemmungen und der Wortwahl kämpft, sollte sich keine Gedanken über die nonverbale Sprache beim Small Talk machen. Das lenkt nur zusätzlich ab. Anfänger werden dadurch noch mehr verunsichert.

Wer sich dagegen kaum mehr Gedanken über Formulierungen machen muss, weil die Worte fast schon von allein kommen, sollte sich auch seiner Körpersprache bewusst werden. Small Talk sollte entspannt und entspannend sein – und das muss auch Ihre Körpersprache signalisieren. Achten Sie deshalb auf Folgendes:

Worauf Sie bei Ihrer Körpersprache achten sollten

- Halten Sie Blickkontakt. Natürlich kann man hin und wieder zur Tür, zum Nachbartisch oder in den Raum schauen. Aber wenn dies ständig passiert, vermittelt es dem Gesprächspartner die implizite Botschaft: „Du bist mir nicht so wichtig wie das, was sonst noch passiert."

- Rücken Sie dem anderen nicht zu dicht auf „die Pelle", aber stehen Sie auch nicht zu weit weg (Armlänge ist die Distanz, die als angenehm empfunden wird).

- Vermeiden Sie „Übergriffe", wie den anderen auf die Brust zu tippen, an der Hand oder am Arm zu fassen, auf die Schulter zu hauen ... Small Talk wird körperlos gespielt. Vor allem sollten sich Männer verkneifen, einer jüngeren Frau die Hand auf den Arm oder die Schulter zu legen. Das ist vielleicht väterlich gemeint, kommt aber nicht so an.

- Achten Sie auf Gesten, die Nervosität und Hektik signalisieren. Zupfen Sie nicht an Kleidung, Schmuck, Haaren, spielen Sie nicht mit dem Glas, dem Kuli etc. herum. Wer nervös wirkt, wirkt oft auch unsympathisch.

- Gewöhnen Sie sich fuchtelnde oder weit ausholende Hand- und Armbewegungen ab. Das irritiert den Gesprächspartner.

- Lächeln Sie, wann immer Sie daran denken und Ihnen danach ist (Lächeln muss authentisch sein, sonst bewirkt es das Gegenteil). Wer lächelt, wirkt übrigens intelligenter.

Worauf Sie bei Ihrer Körpersprache achten sollten

- Lümmeln und fläzen Sie nicht herum.

- Stehen Sie aber auch nicht da wie ein Preußischer Gardemajor, sondern aufrecht, doch locker.

- Wohin mit den Händen? Maximal eine darf in den Taschen verschwinden. Wer unsicher ist: mit der anderen ein Glas, eine Mappe oder eine andere, der Situation entsprechende Utensilie halten. Aber spielen Sie nicht damit herum.

- Falls Sie auf den Fußballen wippen, wenn Sie nervös sind, sollten Sie sich das abgewöhnen, es vermittelt Unruhe.

- Wer nervös ist, kann einen alten Rhetorikertrick anwenden: einen kleinen, pflaumengroßen Gummiball in der Tasche kneten. Das baut die Anspannung ab. Man kann stattdessen auch ein Taschentuch nehmen.

Überprüfen Sie Ihre Ausstrahlung

Wenn Sie sich noch als Small Talk-Anfänger empfinden, sollten Sie sich erst einmal darauf konzentrieren, Kontakt zum Gegenüber und die passenden Wörter zu finden. Wenn beides kein Problem mehr ist, können Sie weiter denken, zum Beispiel an Ihre Körpersprache oder an Ihre Ausstrahlung.

Die Ausstrahlung wirkt stärker als Worte.

Wer eine angenehme Ausstrahlung hat, wirkt sympathisch – da ist es gar nicht mal so wichtig, was er sagt. Andersherum schon: Hat ein Mensch eine negative Ausstrahlung, legen wir jedes seiner Worte auf die Goldwaage – oder hören nur mit halbem Ohr zu. Deshalb sollten Sie zwar darauf achten, was Sie sagen, noch mehr aber darauf, was Sie ausstrahlen.

Nehmen Sie sich wahr

Um Ihre Ausstrahlung zu überprüfen, fragen Sie sich:

- „Wie war meine Ausstrahlung?" Meistens denkt man erst nach einem Gespräch daran, sich zu fragen, was man ausgestrahlt hat. Das ist für den Anfang auch in Ordnung.
- „Was strahle ich gerade aus?" Mit der Zeit achten Sie früher auf Ihre Ausstrahlung. Das hat den Vorteil, dass Sie diese noch während des Gesprächs korrigieren können.
- „Welche Ausstrahlung möchte ich haben?" Sich vor einem Gespräch darüber Gedanken zu machen ist natürlich am nützlichsten.

Verlassen Sie sich bei der Antwort auf zwei zuverlässige Indikatoren: Ihr Gefühl und Ihre Eigenwahrnehmung.

Achten Sie auf Ihre innere Stimme

Unser Gefühl – der Instinkt, der gesunde Menschenverstand – sagt uns genau, was wir ausstrahlen. Diese innere Stimme kommentiert verlässlich, wir müssen sie nur hören. Beispielsweise sagt sie: „Du warst aber eben etwas verkrampft." Oder: „Warum fuchtelst du so mit den Händen herum? Sei doch nicht so hektisch."

Versuchen Sie, zwischen innerer Stimme und innerem Kritiker unterscheiden zu lernen. Wenn Sie die übermäßige Selbstkritik abziehen, kommt das Körnchen Wahrheit hervor, die innere Stimme, das „Bauchgefühl". Verlassen Sie sich auf dieses Gefühl, es ist unbestechlich.

Beobachten Sie sich

Neben der inneren Stimme ist die Eigenwahrnehmung ein guter Indikator für Ihre Ausstrahlung. Sie können Ihre Ausstrahlung beurteilen, indem Sie sich mit den Augen anderer betrachten, mit deren Ohren hören:

- Sie haben oben einiges über Körpersprache gelesen: Welchen Eindruck vermittelt Ihre Körpersprache auf andere?
- Überprüfen Sie sich aus der Sicht der anderen: Neigen Sie zu Widerspruch, Besserwisserei, Rechthaberei? Fallen Sie anderen ins Wort, verbessern Sie sie? Sprechen Sie zu viel? Das alles bewirkt eine negative Ausstrahlung.
- Wenn Sie dagegen die anderen auch zu Wort kommen lassen, ihnen aufmerksam zuhören, ihnen Verständnis geben, vermittelt das eine positive Ausstrahlung.
- Wenn Sie ständig lächeln, strahlen Sie Naivität aus. Wenn Sie dagegen an jenen Punkten lächeln, an denen Ihr Gegenüber Bestätigung, Ermunterung, Verständnis oder Anerkennung braucht, haben Sie eine positive Ausstrahlung.

Sie strahlen aus, was Sie fühlen

Das ist sehr wichtiger Aspekt: Sie strahlen das aus, was Sie fühlen. Wenn Sie sich nicht liebenswert fühlen, kann der andere Sie nicht als liebenswert wahrnehmen. Ein anderes

Beispiel: Wer sich wichtig fühlt, wirkt auch wichtig. Fühlen Sie sich also so, wie Sie wirken möchten.

Dazu fühlen Sie sich in eine Situation hinein, in der Sie das gewünschte Gefühl hatten, und nehmen es in die aktuelle Situation mit. Das ist übrigens ein Instrument der „emotionalen Intelligenz". Es gibt viele andere, und für den Small Talk wäre es nicht schlecht, sich ein paar davon anzuzeigen. Gerade beim kleinen Gespräch kann man die emotionale Intelligenz gut einsetzen (siehe „Literatur").

Small Talk-Training

Sie möchten Small Talk lernen? Mit Ihrem persönlichen Lernprogramm geht das ganz einfach.

In diesem Kapitel lesen Sie,

- wie Sie ganz nebenbei im Alltag üben können,
- worauf Sie dabei besonders achten sollten und
- was Seminare und Coaching bringen.

Das persönliche Lernprogramm

Sie können noch so viele Ratgeber lesen – davon allein wird Ihr Small Talk-Verhalten nicht besser. Small Talk lernen Sie nur beim Small Talk!

Wählen Sie eine lernfreundliche Umgebung

Wenn Sie sich noch nicht so recht trauen, ins kalte Small Talk-Wasser zu springen, dann wählen Sie für Ihr Training „Sparringspartner", Themen, Situationen und Anlässe, bei denen keine Gefahr besteht, dass Sie sich blamieren, oder es egal ist, wenn es doch passiert.

Suchen Sie sich Gesprächssituationen aus, bei denen es „klappen" könnte und bei denen es Ihnen nicht viel ausmacht, falls es nicht klappt. Typische Situationen dieser Art sind Gespräche ...

- ... mit dem Nachbarn im Hausflur oder vor dem Haus: Wie oft gehen Sie mit einem knappen Gruß aneinander vorbei? Wechseln Sie stattdessen einmal ein paar Worte.

- ... mit einer guten Kollegin, einem guten Kollegen: Sie reden ohnehin während eines Arbeitstages immer wieder mal mit den Kollegen. Machen Sie bewusst Small Talk, wenn es sich anbietet, und probieren Sie dabei alles aus, was Sie immer schon ausprobieren wollten.

- … mit einem guten Freund, einer guten Freundin.

- … mit einem Mitarbeiter, wenn Sie eine Führungskraft sind. Denn wenn dabei etwas schief geht, ist nicht gleich der nächste Großauftrag weg.

So gewinnen Sie Sicherheit

Es macht keinen Unterschied, ob Sie mit einem guten Kollegen oder Freund reden oder mit einem wildfremden Menschen auf dem Empfang Ihres Vorstandsvorsitzenden. Menschen und Situationen mögen wechseln, doch der Small Talk bleibt immer der gleiche. Mit einem Nobelpreisträger können Sie genauso gut und lange übers Wetter reden wie mit dem Nachbarn. Denn der Nobelpreisträger ist auch nur ein Mensch, der nass wird, wenn es regnet. Vor allem aber gilt:

> Was im ungezwungenen Small Talk mit dem Nachbarn nicht funktioniert, funktioniert auch nicht, wenn es darauf ankommt.

Das ist der Sinn eines Trainings: sich fit zu machen für Situationen, in denen es drauf ankommt. Und das können Sie nur in Situationen, in denen Sie sich wegen der Folgen des Gesprächs keine Gedanken machen müssen. Je mehr solche Situationen Sie nutzen, desto sicherer werden Sie in den entscheidenden Momenten.

Steigern Sie sich langsam

Suchen Sie also unverfängliche Situationen, und nutzen Sie sie für Ihr Training. Erstellen Sie ein persönliches Trainingsprogramm:

- Nehmen Sie sich vor, mindestens einmal am Tag bewusst Small Talk zu machen.

- Steigern Sie sich nach einer Woche auf zweimal am Tag.

- Irgendwann haben Sie so viel Sicherheit gewonnen, dass Sie reif sind für das Trainingsprogramm der Profis: Die nutzen wirklich jede Situation zum Small Talk.

Jede Situation für einen kleinen Plausch zu nutzen heißt nicht, dass Sie stundenlang quatschen. Man kann in jedes Gespräch und jede Begegnung ein, zwei Sätze Small Talk einbauen. Das ist ausreichend für ein gutes Training, bringt Sie weiter und fördert die Beziehung mit den Gesprächspartnern ungemein.

Beispiel: „Mini-Small Talk"

„Hallo Wolfgang." „Hallo Susi." „Na, hat sich eure Kleine von ihrer Erkältung erholt?" „Ja, geht wieder. Sie ist fast schon wieder so frech wie vorher." „Schön, grüß Elvira von mir. Ich muss dringend ins Controlling, aber wir sehen uns ja bald." „Klar, Susi, tschüss dann."

So verschärfen Sie das Training

Am meisten Angst haben wir naturgemäß vor heiklen Gesprächssituationen. Welche Situation als prekär empfunden wird, ist jedoch von Mensch zu Mensch verschieden. Der eine hat Bammel vor dem Opernabend, der andere vor dem Mittagessen mit dem Chef.

Bereiten Sie sich auf heikle Situationen mithilfe von heiklen Situationen vor!

Suchen Sie sich bewusst heikle Situationen, um sich best-
möglich vorzubereiten. Die schwierigsten Gesprächssituationen finden Sie, genau wie die einfachsten, gleich „um die
Ecke":

- Der deutsche Einzelhandel ist weltberühmt für seine wort-
  kargen und desinteressierten Verkäufer (Ausnahmen bestätigen die Regel). Wenn Sie es schaffen, mit so einem
  Exemplar einen Small Talk anzuknüpfen, kann Sie nichts
  mehr erschüttern.

- Dasselbe gilt für Krankenhauspersonal, das inzwischen so
  überlastet ist, dass es Besucher und Patienten beim Erst-
  kontakt manchmal am liebsten zum Teufel wünschen würde.

- Rufen Sie beim erstbesten Unternehmen an, dessen Pro-
  dukte Sie nutzen (nicht im Call Center, sondern direkt im
  Unternehmen), und bitten Sie um irgendeine Auskunft.
  Angesichts des miserablen Telefonmarketings vieler deut-
  scher Unternehmen und ihrer Mitarbeiter wird danach das
  Gespräch mit Ihrem schlimmstmöglichen Gesprächspartner
  eine wahre Freude sein.

Was Sie beim Training beachten sollten

Achten Sie auf Rückmeldungen

Die Menschen um Sie herum geben Ihnen pausenlos Rückmeldungen zu Ihrem Gesprächsverhalten:

- „Lass mich doch auch mal was sagen!"
- „Du bist immer so kategorisch!"
- „Woher wollen Sie das denn wissen?"
- „Du immer mit deinen verrückten Vergleichen."
- „Sprechen Sie deutsch mit mir!"
- „Red nicht drum rum!"
- „Nun machen Sie's doch nicht so spannend!"
- „Bitte kommen Sie zum Punkt!"

Nutzen Sie das Feed-back, um sich zu ändern

Was machen wir normalerweise mit solchen Rückmeldungen? Wir überhören sie oder rechtfertigen uns: „Aber ich muss das doch genau erklären, sonst versteht man es nicht!" Bringt das was? Nein, denn Verdrängung löst keine Verbesserung aus.

Hören Sie stattdessen aufmerksam auf das, was andere Ihnen – auch zwischen den Zeilen – rückmelden. Und ändern Sie Ihre Sprechgewohnheiten. Auch wenn es anfänglich schwierig ist. Das ist besser, als den anderen auf die Nerven zu gehen.

Die drei Wirkungsfragen

Warten Sie nicht, bis die Menschen Ihnen sagen, dass etwas nicht stimmt mit Ihren Gesprächsbeiträgen. Beugen Sie vor. Fragen Sie sich:

- Davor: Wie wird das wirken, was ich gleich sagen werde?

- Danach: Wie hat es gewirkt?

- Was kann ich also besser machen?

Woran erkennen wir, wie wir auf andere wirken? Indem wir sie anschauen. Leider tun wir das zu selten. Wir sehen zwar, dass die Augen der anderen herumwandern und ihre Hände unruhig werden. Doch wir sind so mit dem Erzählen unserer Urlaubsstory beschäftigt, dass uns das nicht weiter auffällt. Sollte es aber. Denn wir verlieren gerade unsere Zuhörer.

> Beobachten Sie Mimik, Gestik, Körperhaltung und nonverbale Äußerungen Ihrer Gesprächspartner: Wie kommen Sie an?

Am Anfang fällt das erfahrungsgemäß etwas schwer. Wir sind im Alltagsleben normalerweise so egozentriert, dass wir den Blick für den anderen verloren haben. Doch dieser Blick lässt sich wiedergewinnen. Wer gut „smalltalken" möchte, braucht ihn!

Überzogene Erwartungen und Fehlerkultur

Sind Ihre Erwartungen realistisch?

Womit sich Menschen, die an ihrem Small Talk arbeiten, am häufigsten schwer tun, sind überzogene Erwartungen. Sie lesen ein Buch über Small Talk und erwarten dann, dass sie morgen beim Gespräch mit dem gefürchteten Chef automatisch eine gute Figur machen.

Machen Sie sich Ihre unbewussten Zielerwartungen klar. Das reicht meist schon, um sie zu relativieren. Und dann bemühen Sie sich um realistische Erwartungen.

Beim Small Talk gibt es keine „Fehler"

Das zweite häufige Hindernis auf dem Weg zu einem besseren Small Talk ist das eigene Fehler-Feed-back:

- „Was redest du denn da wieder? Du lernst das nie!"
- „Er sieht gelangweilt aus – ich bin einfach nicht unterhaltsam!"
- „Wie kann mir so ein Fehler unterlaufen?"

Machen Sie einen radikalen Schnitt: Streichen Sie den Begriff Fehler aus Ihrem Small Talk-Wortschatz. Sagen Sie sich zehnmal am Tag: Es gibt keine Fehler. Es gibt nur Feed-back. Wenn Sie an Ihrem Small Talk-Verhalten arbeiten, dann seien Sie sich selbst ein guter Trainer. Gute Trainer machen keine Vorwürfe, sondern motivieren. Sie nörgeln nicht, sondern ermutigen und belohnen. Feiern Sie Ihre kleinen und großen Erfolge. Freuen Sie sich darüber.

> Jeder kleine Erfolg, über den Sie sich bewusst freuen, verzehnfacht die Wahrscheinlichkeit, dass Sie bald wieder und noch größeren Erfolg haben.

Seminare und Coaching

Mit den Tipps aus diesem TaschenGuide und mit ein, zwei Probetalks am Tag werden Sie Ihre Gesprächskompetenz binnen zwei bis drei Wochen stark verbessern. Sie und Ihre

Zuhörer werden Sie kaum wiedererkennen. Sie werden stolz auf sich sein und Freude am Umgang mit Menschen haben.

Helfen Seminare?

Trotzdem besuchen jährlich zahlreiche Menschen Seminare, um redegewandt zu werden. Das ist nicht unbedingt notwendig – aber sie erreichen ihre Ziele auf diese Weise natürlich leichter, schneller und vor allem auf eine angenehmere Art. Denn mit einer Gruppe Gleichgesinnter zu lernen ist ein großer Trost und Ansporn.

Viele Menschen besuchen regelmäßig einbis zweimal im Jahr unter Umständen sogar das gleiche Seminar. Das macht durchaus Sinn: So frischen sie ihre Fähigkeiten und Kenntnisse auf. Es ist wie beim Sport: Eine Trainerstunde hier und da hat noch keinem geschadet.

Einzeltraining Coaching

Andere lassen sich in Sachen Small Talk coachen. Coaching ist, vereinfacht formuliert, ein Einzeltraining bei einem ausgebildeten Coach. Das Coaching ist meist nach einem halben Dutzend Sitzungen beendet. Oft ist das Problem auch nach einer Sitzung schon gelöst. Manche Menschen haben aus beruflichen Gründen einen Coach, der sie ständig zu wechselnden Fragestellungen betreut.

Hilfreich in bestimmten Situationen

Wenn Menschen sich im Small Talk coachen lassen, dann natürlich deshalb, weil er für sie enorm wichtig ist. Zum

Beispiel weil sie eine bestimmte Sprechhemmung nicht allein überwinden können. Weil Small Talk für sie karriereentscheidend ist. Oder weil sie sich auf Gesprächssituationen vorbereiten möchten, denen sie noch nie begegnet und die extrem heikel sind. Zum Beispiel der erste Opernball, das erste Dinner mit dem neuen Vorstand, ein Besuch bei einem Topkunden. Wenn Ihre Gesprächsaufgaben weniger problematisch sind, können Sie sich natürlich auch selbst trainieren und coachen.

Literatur

Asgodom, Sabine: Reden ist Gold. So wird Ihr nächster Auftritt ein Erfolg. München 2006

Birkenbihl, Vera F.: Kommunikationstraining. Zwischenmenschliche Beziehungen erfolgreich gestalten. Landsberg 2007

Goleman, Daniel: Emotionale Intelligenz. München 1997

Hanisch, Horst: Knigge für Beruf und Karriere. München 2006

Märtin, Doris und Boeck, Karin: EQ – Gefühle auf dem Vormarsch. München 2003

Wlodarek, Eva: Mich übersieht keiner mehr. Größere Ausstrahlung gewinnen. Frankfurt am Main 1999

Teil 2: Ihre Ausstrahlung

Vorwort

Manche Menschen fesseln und faszinieren uns. Sie treten in den Raum und etwas ändert sich: Eine verkrampfte Runde wird lebendig, „der Neue" wird zum Orientierungspunkt.

Können wir unsere Wirkung auf andere beeinflussen?

Künstlich schaffen oder mechanisch antrainieren können Sie eine positive Ausstrahlung nicht. Sie *entsteht* in ihrer eigenen Zeit, wenn innere Blockaden zu Erkenntnis und mehr Bewusstheit führen.

In diesem TaschenGuide stellen wir Ihnen einen Weg vor, wie Sie im Alltag gelassen und natürlich-souverän werden. Sie erfahren, welche Verhaltens- und Haltungsmuster Ihre Ausstrahlung schwächen, wie sich eine positive Ausstrahlung aufbaut, und wie sich Ihre Selbstwahrnehmung darüber erweitern kann. Zahlreiche Übungen zu Körperhaltung, Gestik, Mimik und Stimme unterstützen Sie dabei.

Sie gewinnen durch Ihre Ausstrahlung, wenn es in keinem Moment einen Widerspruch zwischen Ihrer inneren seelischen Realität und Ihrem Auftreten gibt.

Das können Sie mit Freude und Erfolg erreichen!

Herzlichst,
Ihr

Michael Reiter

Eine positive Ausstrahlung – aber wie?

Warum ziehen uns manche Menschen unweigerlich in ihren Bann? Sind Menschen, die Ausstrahlung haben, nur besonders überzeugende Schauspieler? Oder steckt mehr dahinter?

In diesem Kapitel erfahren Sie,

- auf welchen Faktoren eine positive Ausstrahlung beruht,
- was die Wahrnehmung Ihres Körpers mit Ihrer Ausstrahlung zu tun hat und
- wie Sie authentisch werden.

Die Basis einer positiven Ausstrahlung

Sie kennen solche Situationen: Eine neue Kollegin hat in Ihrer Abteilung angefangen. Sie haben sie das erste Mal kurz auf dem Gang gesehen und sind hingerissen: eine richtige Schönheit wird da demnächst in Ihrem Nachbarbüro sitzen. Einige Wochen später können Sie sich an Ihre anfängliche Begeisterung kaum erinnern. – Was ist passiert?

Die Kollegin ist durchaus sympathisch, sie hat sich rasch eingearbeitet und verhält sich kollegial. Aber sie wirkt farblos. In Besprechungen oder Präsentationen hat man das Gefühl, sie steht nicht hinter dem, was sie sagt. Spricht man sie an, scheint sie sich immer mehr zurückzuziehen. Es fehlt ihr irgendwie an Ausstrahlung.

Auch das Gegenteil kennen Sie vielleicht: dass jemand, nachdem Sie ihn länger kennen, interessanter ist als auf den ersten Blick. Oder dass jemand den Raum betritt und Sie schon mit den ersten Worten fesselt. Er mag mit seinem Bauch und seiner großen Nase kein Anwärter auf einen ersten Platz im Schönheitswettbewerb sein, doch seine Ausstrahlung wirkt so überzeugend, dass Sie gar nicht anders können als ihn interessant zu finden.

Wer eine natürliche positive Ausstrahlung hat,

- wirkt glaubwürdig und sympathisch,
- wirkt innerlich kraftvoll und überzeugend,

- wirkt natürlich-autoritär und souverän,

- bekommt Offenheit und echtes Interesse von anderen entgegengebracht,

- kann leichter Kontakte knüpfen und begeistern,

- kann wirkungsvoller präsentieren,

- kann leichter führen und motivieren.

Die tiefe Kraft der Ausstrahlung

Damit haben wir schon eine erste Erkenntnis gewonnen: In unserer Wahrnehmung spielt die Ausstrahlung eines Menschen eine wesentlich größere Rolle als ein vermeintlich äußerer Makel. Die Ausstrahlung wirkt letztlich stärker als manche Äußerlichkeit, die wir auf den ersten Blick vielleicht als störend empfinden. Eine elementare Einsicht, die Sie bei der weiteren Lektüre stets im Hinterkopf bewahren sollten.

Doch worin liegt nun das Geheimnis dieser Wirkung? Kommen wir noch einmal auf unser erstes Beispiel zurück: Spricht die Kollegin einfach nur zu leise, lächelt sie zu wenig oder ist ihre Mimik zu starr? Das mag alles sein, doch würde es ihr schon zu einer stärkeren Ausstrahlung verhelfen, wenn sie trainieren würde, lauter, deutlicher und mit einer ausgeprägteren Mimik und Gestik zu sprechen? – Wohl kaum!

Eine positive Ausstrahlung hat viel mit innerem Gleichgewicht zu tun

Eine positive Ausstrahlung ist mehr als antrainierte Gestik oder Stimme. Faszinierende Menschen sind in aller Regel nicht perfekt, strahlen aber eine Harmonie aus, die ihnen Präsenz,

Ausdrucksstärke und Gelassenheit verleiht. Die Quelle dieser Harmonie ist ihr inneres Gleichgewicht, die sie auch in angespannten Situationen natürlich-souverän bleiben lässt. Solche Menschen handeln unter den verschiedensten Bedingungen gelassen, klar und zielorientiert. Dies ist über ihre Ausstrahlung spürbar. *Ihre Ausstrahlung* vermittelt also den Grad innerer Harmonie, der bei anderen eine geringere oder stärkere positive Wirkung hervorruft.

Machen Sie den Test

Notieren Sie sich zwei bis drei Menschen aus Ihrem näheren und weiteren Bekanntenkreis, die Ihrer Meinung nach eine starke, positive Ausstrahlung haben. Beschreiben Sie ihre Größe, Haarfarbe und Haltung – was Ihnen auch immer an diesen Menschen auffallen mag. Sind es immer die attraktivsten, schlanksten, fehlerfreiesten?

Worauf eine positive Ausstrahlung beruht

Bejahen Sie sich selbst

Vorweg sei die wichtigste Voraussetzung für eine positive Ausstrahlung genannt. Der Boden sozusagen, auf dem sie sich erst richtig entwickeln kann: Wir sollten uns selbst bejahen, unsere Schwächen anerkennen und offen damit umgehen! Wer mit seinem Leben hadert, sich ständig ungerecht behandelt fühlt, wer seinen Körper ablehnt, weil er angeblich zu dick, zu klein oder zu hässlich ist, wird nie kraftvoll und positiv strahlen. Im Gegenteil: Er wird sich mit dieser Form innerer Haltung nur blockieren.

Wer seine Ausstrahlung fördern will, wer authentisch und selbstbewusst leben will, sollte zuallererst sich selbst bejahen lernen – ohne Wenn und Aber. Das bedeutet keinen Verzicht auf jegliche Selbstkritik. Die Grundhaltung sich selbst gegenüber sollte eine Bejahende sein: Damit wird Ihnen leichter bewusst, was Ihr inneres Gleichgewicht schwächt und stärkt, wo Ihre momentanen Schwächen und Stärken, und wo Ihre Eigenheiten und Potenziale liegen.

Der verneinende Zirkel der Selbstverleugnung

Viele Menschen können sich scheinbare Mängel oder Defizite nicht verzeihen. Die meisten von uns leben in der ständigen Angst, jemand könnte ihr Nicht-Perfektsein entdecken und verurteilen, und sie könnten dadurch – was auch immer – verlieren: Derartige Versagensängste haben oft schwere Folgen: Wenn wir immer nur an unsere Fehler denken, verspannt, verkrampft und blockiert alles in uns. Wir verlieren unsere natürliche Souveränität und positive Ausstrahlung.

Beispiel:

 Nach Feierabend gibt der Abteilungsleiter ein Glas Sekt aus. Er hatte am Wochenende Geburtstag. Die neue Teamassistentin, die ständig mit ihrem Übergewicht kämpft, fühlt sich in solchen Situationen eher unwohl. Im Team sind so viele gut aussehende und kluge Leute, was wollen die schon privat mit ihr reden? Als der Teamleiter versucht, sie in ein Gespräch zu verwickeln, hört sie nicht auf, sich selbst zu kontrollieren und denkt: „Jetzt nur keinen Mist reden". Die Folge: Das Gespräch kommt nicht in Fluss. Schon bald wendet er sich mit der Entschuldigung ab, er müsse jemanden begrüßen. Sie glaubt zu wissen, warum: „Dicke mag eben keiner."

Solche Hemmungen und Blockaden kommen in unseren Mitmenschen meist unbewusst an. Und doch lässt es sie zurückhaltend, zögerlich oder gar ablehnend reagieren. Doch statt dies der unbewusst-hausgemachten Blockade zuzuschreiben, sind wir davon überzeugt, dass eine von uns als emotional-verletzend empfundene Rückmeldung – wie im Beispiel die Beendigung des Gesprächs – ihren Grund nur in unseren Mängeln hat. So fühlen wir uns in unserer verneinenden Haltung uns selbst gegenüber bestärkt: „Dicke mag eben keiner."

> Wer sich selbst nicht bejaht, ist für andere nicht begehrenswert.

Schon das bewusste Erkennen und Bejahen eines selbstverneinenden Verhaltensmusters kann die Kraft spenden, es zu verlassen.

Positive Ausstrahlung fußt auf drei Säulen

Das klingt so, als müsste man erst einmal ziemlich viel an sich arbeiten. Aber keine Angst, Sie müssen sich nicht gleich auf die Couch legen, um Ihre Ausstrahlung zu verbessern. Es genügt schon, wenn Sie bereit sind, sich immer wieder bewusst liebevoll und einfühlsam Ihrem Körper zuzuwenden: Dies schärft auf Dauer Selbst- und Fremdwahrnehmung, lässt Sie gleichzeitig authentischer werden und an innerer Kraft und Gleichgewicht hinzugewinnen.

Eine positive Ausstrahlung baut auf:

- einer bejahenden, bewussten Wahrnehmung ihres Körpers,
- einem in sich stimmigen Auftreten (dazu gehören Ihre Haltung, Atmung, Gestik, Mimik und Stimme) und

- einer bewussten, neutralen und bejahenden Wahrnehmung seiner selbst und anderer auf.

In den nächsten Abschnitten finden Sie eine Reihe von Übungen, durch die sich diese drei Säulen stärken können.

Was hat die Wahrnehmung Ihres Körpers mit Ihrer Ausstrahlung zu tun?

Was uns nach außen natürlich und authentisch wirken lässt, ist eine zentrierte, entspannte Haltung. Sitzen, stehen oder gehen Sie in jeder Lebenslage entspannt? -„Natürlich nicht! Dazu bin ich viel zu sehr im Stress." So oder so ähnlich werden die meisten antworten.

Die Zunahme an äußeren Reizen ist tatsächlich einer der Hauptgründe, warum wir außer Balance kommen und das Gefühl für unseren Körper verlieren. Das tägliche Arbeitspensum tut sein Übriges dazu. Doch unsere Ausstrahlung leidet. Eine positive Wirkung nach außen entscheidet aber mehr als alles andere über Erfolg oder Misserfolg im Leben, beruflich wie privat. Was können wir tun, mit sie sich stärkt?

Können „Haltungsregeln" helfen?

Häufig versuchen wir unsere Wirkung durch das Befolgen von „Haltungsregeln" zu beeinflussen. Zum Beispiel, indem wir versuchen, stets aufrecht zu sitzen und unseren Oberkörper und Kopf „gerade" zu halten.

Was soll an aufrechtem Sitzen, an einer „geraden" Haltung falsch sein? Überall versichern uns Trainer, dass eine „gerade", aufrechte Haltung Stärke, Willenskraft und Kompetenz vermittelt. Wir wollen dem gar nicht widersprechen – und doch haben wir einen grundlegenden Einwand: Eine „gerade" Haltung, die keinem inneren Gleichgewicht entspringt, wird Sie einer positiveren Ausstrahlung nicht näher bringen! Sie würden durch mechanisches, logisch-gesteuertes Korrigieren nur Energie verschwenden, ohne das tatsächliche Übel an der Wurzel zu packen: Wer übertrieben aufrecht sitzt, signalisiert nicht weniger Unsicherheit und innere Kraft, als ein auf seinem Stuhl Zusammengekauerter.

Hier ist die Wahrnehmung Ihres Körpers gefragt. Ein bewusstes Wahrnehmen Ihres Körpers ist die Voraussetzung für eine natürlich-aufrechte Haltung, in der Sie die gewünschte natürlich Souveränität, Ruhe und Klarheit ausstrahlen.

> Nur wenn Ihre Haltung Ihrem inneren Gleichgewicht entspringt, und natürlich-balanciert ist, unterstützt sie Ihre Ausstrahlung positiv.

Ausstrahlung lässt sich nicht spielen

Eine angespannte, unnatürliche Haltung spürt unser Gesprächspartner sofort. „Der ist aber angespannt", „der steht aber ganz schön unter Strom" oder „der kämpft gerade darum, alles noch so halbwegs gebacken zu kriegen" – diesen Eindruck machen Kollegen oder Verhandlungspartner nicht selten auf uns. Wie oft wird das unser Gegenüber nicht auch bei uns so empfinden? Spürbare Anspannung setzen wir mit Überforderung, Unsicherheit und fehlender Souveränität gleich. Deshalb schwächt sie unsere Position in Verhandlungen und verringert die Bereitschaft anderer, uns zu vertrauen. Ganz anders wirkt eine aus dem Inneren kommende, gewachsene Stabilität. Doch diese so faszinierende Form von „Größe" ist durch Willenskraft nicht erreichbar. Auch wenn wir wissen, dass wir umso stärker wirken, je gelöster und gelassener wir sind – eine inszeniert lässige Haltung wird den gewünschten Eindruck nicht erzeugen können. Solange wir einen bestimmten Eindruck erwecken wollen und nicht authentisch sind, wird unsere Ausstrahlung widersprüchlich sein.

Keine Lücke zwischen Sein und Schein

Ein zweiter wichtiger Punkt ist das Zusammenspiel von Ausdrucksmitteln. Wenn unsere Körpersprache und unser Reden in sich nicht stimmig sind, wirken wir nicht natürlich. Auch das kann – ebenso wie eine unentspannte Haltung – dazu führen, dass andere das Vertrauen in uns verlieren.

Beispiel:

Ein Projektleiter hat eine Teambesprechung. Ein neues Teammitglied kommt erstmals in sein Projekt. Der Projektleiter nimmt sich vor, gleich für klare Fronten zu sorgen und den zielstrebigen, harten Chef zu spielen. Er rattert Ziele, Aufgaben und Spielregeln herunter. Doch irgendwie wird das neue Teammitglied den Eindruck nicht los, dass es in diesem Projekt alles andere als streng zugehen wird. Zu gekünstelt wirkt die ganze Vorstellung, die sein neuer Projektleiter da abliefert. Und zu dem soll er Vertrauen haben?

Erst, wenn Sie sich so zeigen, wie Sie wirklich sind, werden Sie für Ihre Gesprächspartner real und greifbar, präsent und klar. Dann können sich auch Verspannungen und in diesen gebundene Energien in mehr Gelassenheit und erhöhte Aufmerksamkeit wandeln. Eine permanent künstliche Haltung aufrechtzuerhalten, kostet extrem viel Energie. Frei von solchen Anstrengungen können Sie Gesprächsentwicklungen viel spontaner folgen und gestalten, kann klar werden, worum es in jedem Moment wirklich geht. Für Sie wird es leichter, wenn Sie nicht länger Gefangener einer von außen oder selbst auferlegten Rolle sind. Bleiben Sie authentisch und bei sich selbst!

> Vielleicht kennen Sie Menschen, die sich kaum aufrecht halten können und dennoch eine positive Ausstrahlung haben. Ihre Ausstrahlung hängt vor allem von einer lebensbejahenden Grundhaltung ab, die Ihrem inneren Gleichgewicht entspringt.

Das innere Gleichgewicht finden

Basis für eine bejahende innere Haltung sich selbst und dem Leben gegenüber ist ein inneres Gleichgewicht. Im Optimalfall eine natürliche Harmonie und Souveränität, die so fest in Ihnen verankert ist, dass sie Ihnen auch in Stresssituationen nicht abhanden kommt.

Ein solches Gleichgewicht kann sich entwickeln. Es entsteht über die bewusst liebevolle und einfühlsame Zuwendung Ihrem Körper gegenüber und der daraus stetig differenzierter werdenden Wahrnehmung Ihres Körpers aus seiner physikalischen Mitte heraus. Wir schlagen Ihnen dazu in den Kapiteln „Finden Sie Ihr inneres Gleichgewicht" und „Lassen Sie Ihren Körper sprechen" konkrete Übungen vor. Diese Übungen sind wichtig, auch wenn Sie Ihnen auf den ersten Eindruck hin vielleicht banal erscheinen. Lassen Sie sich darauf ein – ohne

Erwartung und Fixierung auf ein vorab definiertes, vorgestelltes Ergebnis. Sie werden überrascht sein!

Gewinnen Sie an natürlicher Souveränität

Inneres Gleichgewicht haben bedeutet, dass ein ruhender Pol in Ihnen fühlbar ist, der Sie so hält und trägt wie der Boden unter Ihren Füßen. Mit dieser inneren Basis ist es leichter für Sie, äußeren Einflüssen und zahllosen Anforderungen, die Sie über Ihre natürliche Belastbarkeitsgrenze hinweg strapazieren, natürlich-kraftvoll Einhalt zu gebieten.

Die bewusstere Wahrnehmung unseres Körpers, unserer Empfindungen und realen Bedürfnisse stärkt auch unsere Entscheidungssicherheit: Wir wissen intuitiv, wann wir und wem wir einen Riegel vorschieben müssen, oder wann wir Forderungen und Anliegen unseres Umfeldes genügen können. Je klarer unsere Wahrnehmung, desto leichter, uns selbst, andere und Situationen real einzuschätzen, und uns dementsprechend stimmiger zu verhalten. Kurz: Wir werden natürlich-souveräner und strahlen mehr.

Werden Sie authentisch!

Ausstrahlung lässt sich nicht spielen, nicht willkürlich antrainieren – wir können es immer wieder nur betonen. Das ist gerade das Faszinosum einer positiven Ausstrahlung, einer gewachsenen Stärke, die von Innen kommt. Menschen mit positiver Ausstrahlung wirken jederzeit glaubhaft. Sie können sich ruhig auch einmal Konventionen widersetzen, ohne damit zu brüskieren. Es sind Menschen, die nichts nur um ihrer Wirkung willen tun, sondern weil es ihrem Innersten entspricht. Sie sind einfach authentisch.

Haben Sie den Mut, authentisch zu sein

Oft fehlt uns der Mut, unser Innerstes und unsere Unverwechselbarkeit zu leben. Wir glauben, in der Gesellschaft bestimmte Rollen spielen und bestimmte Erwartungen erfüllen zu müssen. Wir schielen nach Anerkennung und Lob. Wir glauben, all dies nur erreichen zu können, indem wir jemanden spielen, der wir gar nicht sind. Wir laufen oft einem Idealbild hinterher – und verlieren uns letztlich selbst darin. Dann strahlen wir nach außen Widersprüchliches aus, unsere Gesprächspartner haben kein Vertrauen in uns, und wir fragen uns warum ...

Wie Sie Ihre Rolle spielen

Müssen wir im Leben wirklich Rollen spielen? Müssen wir uns verstellen? Oder ist es nicht viel leichter, uns treu zu bleiben? Selbstverständlich sind wir im Rahmen verschiedener Tätigkeiten und Funktionen mit Erwartungen anderer konfrontiert, egal ob sie unsere berufliche Leistung oder unsere Verpflichtungen als Ehepartner, Elternteil oder Freund betreffen. Unabhängig davon: Je weniger zwanghaft Sie von Ihnen selbst oder von außen auferlegte Erwartungen erfüllen, desto klarer wird Ihr Blick für die tatsächlich notwendigen Anforderungen einer Situation und nicht-reales Rollen-Spiel werden.

Die individuelle Note

Bleiben wir uns selbst treu oder verkaufen wir uns in voraus-
eilendem Gehorsam? Hören wir auf unser Inneres oder nur auf
andere?

Ausstrahlung hat viel mit dem Mut zur Individualität zu tun.
Wer sich nur an anderen orientiert und eigene, reale Be-
dürfnisse und Wünsche nicht von Herzen bejaht, verschenkt
sein größtes Potenzial: seine eigene unverwechselbare und
einzigartige Identität. Tun Sie sich täglich Gutes. Tun Sie, was
Ihr Inneres wirklich stärkt und Sie werden unmittelbar an
Ausstrahlung und natürlicher Souveränität gewinnen. Positive
Rückmeldungen Ihres Umfelds sind Ihnen gewiss – ein
Schlüssel des Geheimnisses von Erfolg!

Sie müssen nicht allen gefallen

Sie müssen nicht, und Sie können vor allem gar nicht allen
gefallen. Dazu sind Menschen in ihren Vorlieben viel zu
verschieden. Wer allen gefallen wollte, müsste sich ständig
wie ein Chamäleon ändern, wäre aber für andere nicht mehr
greifbar und in seinem Handeln unverständlich. Durch falsche
Anpassung entfernen wir uns nur immer weiter von uns selbst
und verspielen die Möglichkeit von anderen echte Sympathie
zu ernten (siehe dazu auch das Kapitel „Wie Sie auf andere
wirken").

Dass Sie es nicht allen recht machen können, sollte Sie nicht
beunruhigen. Ganz im Gegenteil, begreifen Sie es als Chance:
Leben Sie Ihre Individualität. Versuchen Sie nicht länger, um
Sympathie zu kämpfen. Falsches und übertriebenes Wollen

schafft nur Distanz. Mit netter Gesichtslosigkeit ecken Sie zwar nirgendwo an, aber Sie hinterlassen auch keinen bleibenden Eindruck.

> Wer anderen immer gefallen will, kann keine positive Ausstrahlung haben. Er läuft nur einer Vorstellung hinterher, die andere *möglicherweise* von ihm haben, und versucht verzweifelt, diesem Bild gerecht zu werden.

Wie wir andere wahrnehmen

Wenn wir mit anderen Menschen sprechen oder sie im Fernsehen oder in der Öffentlichkeit betrachten, kann uns auffallen, ob zwischen dem, was sie sagen oder tun, und ihrem Auftreten Übereinstimmung herrscht. Ist das nicht der Fall, empfinden wir diese Menschen als widersprüchlich, im Extremfall vielleicht sogar als abstoßend.

In jedem Menschen gibt es ein ganz besonderes Sensorium, das seinem Wachbewusstsein meldet, ob ein anderer meint, was er sagt, und deshalb vertrauenswürdig ist oder nicht. Wollen wir selbst auf andere positiv wirken, so geht das nur, wenn unser Innenleben und Auftreten im Einklang sind.

Beispiel:

Vielleicht haben Sie es auch schon einmal erlebt, wenn Sie einem Verkäufer gegenüberstanden, der übertrieben gestikulierte und lächelte, der Sie in jedem zweiten Satz mit Ihrem Namen ansprach: Vertrauen konnte er Ihnen auf diese Weise nicht einflößen. Sie hatten eher den Eindruck, er hat gerade ein Verkaufstraining absolviert und alle Instruktionen, die er dort erhalten hat, einfach nur nachgespielt. Damit aber konzentriert er sich mehr auf die Regeln, die man ihm dabei eingeschärft hat, als auf Sie: Das Wohl und die Bedürfnisse seines Kunden.

Finden Sie Ihr inneres Gleichgewicht

Gelassen, aufrecht und natürlich-souverän durchs Leben – wer will das nicht? In diesem Kapitel finden Sie zahlreiche Übungen, die Ihre Körperhaltung und Ausstrahlung stärken.

Mit einer zentrierten Körperhaltung gewinnen

Eine zentrierte, entspannte Körperhaltung und ein tief und harmonisch pulsierender Herzschlag sind die innere Basis für eine positive Ausstrahlung. Zentriert bedeutet: aus dem Schwerpunkt Ihres Körpers heraus im Gleichgewicht. Eine zentrierte, natürlich-aufrechte Haltung im Sitzen wie im Stehen ist der äußere Ausdruck davon. Doch wie kommen wir in eine zentrierte Haltung? Wenn wir nur den Rücken strecken, wirken wir noch angespannter.

Testen Sie Ihre Haltung

Testen Sie Ihre Haltung einmal selbst. Setzen Sie sich mit einem Stuhl seitlich vor einen Spiegel, und zwar so, dass Sie die Seitenlinie Ihres Körpers gut sehen können. Nehmen Sie nun eine Ihrer Meinung nach aufrechte Körperhaltung ein. Betrachten Sie den Verlauf Ihrer Wirbelsäule. Sitzen Sie tatsächlich natürlich-aufrecht? Oder sitzen Sie so steif, als hätten Sie gerade einen Besenstiel verschluckt?

Es gibt kein Patentrezept

Patentrezepte oder Formeln für eine positive Ausstrahlung gibt es nicht. Die Gleichungen: „Stärke, Willenskraft und Kompetenz = aufrechte Haltung" und „Souveränität, Gelassenheit = bequem im Stuhl zurücklehnen" funktionieren nicht. Wer an solche Regeln glaubt, irrt: Er wird scheinkompetent wirken, wenn er zu aufrecht sitzt, und gerade nicht gelassen, wenn er es sich zu bequem gemacht hat. Seine

Haltung wird dem Gesprächspartner allenfalls mangelnde Aufmerksamkeit signalisieren.

Bewahren Sie Ihre Körperwahrnehmung

Doch das ist nicht die einzige Konsequenz, wenn Sie sich „körpersprachlichen Regeln" blind ergeben und ohne weitere Innenschau folgen. Wer seinem Körper ständig bestimmte Haltungen aufzwingt, die einen gewollten Status quo suggerieren sollen, provoziert eine Verzerrung seiner natürlichen Körperwahrnehmung: Das ungetrübte Gespür für unsere Wirkung auf andere, unseren Körper und seine Ausdrucksvielfalt geht verloren.

Unbewusst nehmen wir unsere damit einhergehende Unsicherheit durchaus wahr. Meist flüchten wir uns jedoch in Verlegenheitsposen. Doch die daraus resultierenden Körpersignale entgehen anderen nicht. Sie fühlen, dass wir nur souverän wirken wollen. Die von uns ausgehenden Widersprüchlichkeiten lassen sie rasch an unserer Authentizität und unseren ehrlichen Absichten zweifeln. Ihrer eigenen Unsicherheit folgend, ziehen sie sich daraufhin oft mehr oder weniger zurück oder fangen an, uns unfair zu bewerten oder gar abzuurteilen.

Unbewusste Signale erkennen

Signale innerer Unsicherheit drücken sich meist über Arme und Hände aus:

- Die Arme werden verkrampft verschränkt,
- eine oder beide Hände werden in die Hosentaschen gesteckt,

- man zupft an den Fingernägeln,
- man kratzt sich die Handflächen, und vieles andere mehr.

Da solche Signale unbewusst von uns ausgehen, begreifen wir nicht, warum andere auf uns oft ablehnend oder skeptisch reagieren. In unseren Trainings, in denen wir viel mit Foto- und Videodokumentation arbeiten, ist dies schon so manchem Manager wie Schuppen von den Augen gefallen.

Beispiel:

 Als wir einmal mit einem Verkaufsleiter eines internationalen Konzerns das Video eines Kundengesprächs ansahen, war der Effekt verblüffend. Als er selbst entdeckte, dass er ständig mit den Händen rang (was er nie bemerkt hatte), machte diese Geste selbst auf ihn einen unsicheren, wenig Vertrauen erweckenden Eindruck. Schon das Erstaunen darüber hatte in seinem Fall eine hilfreiche Wirkung: Er fasste den Mut, in Zukunft wesentlich natürlicher aufzutreten und zu handeln.

Nehmen Sie Gelegenheiten wie Videoaufnahmen bei Seminaren unbedingt wahr, um Ihre Körpersprache zu betrachten. Lassen Sie sich auch von Kollegen oder Freunden Rückmeldungen zu Ihrer Haltung, Gestik und Mimik geben.

Tipps zur Körpersprache richtig verstehen

Wenn man eine positive Ausstrahlung nicht antrainieren kann – was nützen dann Tipps zur Körpersprache? Auch wenn Ihr Wesen immer stärker wirken wird als bewusst antrainierte Gesten, können Tipps für eine zentrierte, aufrechte Körperhaltung sehr wertvoll sein. Vor allem dann, wenn sie Ihnen helfen, den Unterschied zwischen Antrainiertem und dem, was sich ohnehin durch sie ausdrücken will, zu erkennen –

wie im Falle unseres Verkaufsleiters. Voraussetzung dabei ist immer, dass Sie nicht nur Ihre Körpersprache, sondern auch Ihre innere Einstellung reflektieren. Egal, wie Sie an sich und Ihrer Haltung arbeiten, es wird nur nützen, wenn Sie authentisch bleiben und sich immer wieder liebevoll und einfühlsam Ihrem Körper zuwenden.

> Dabei kann Ihnen übrigens auch ein Stylist oder Farbberater wertvolle Dienste leisten. Wenn Ihr wahres Wesen dadurch besser zum Ausdruck kommt, Ihr Teint frischer wirkt, kann das nur gut sein.

Wie Sie sich über Ihre Körperhaltung selbst motivieren

Forscher konnten nachweisen, dass unsere Körperhaltung nicht nur nach außen, sondern auch auf unsere Befindlichkeit wirkt. Eine eingefallene äußere Haltung beeinflusst unser emotionales Erleben erheblich. Die Aufforderung „Kopf hoch!", wenn es jemandem nicht gut geht, hat also einen tieferen Sinn: Denn wer sich trotz schlechter Laune und seelischem Leiden körperlich aufrichtet, kann schneller frei von Schmerz und seelisch wieder fit werden, als jemand, der mit gebeugtem Kopf, eingefallenen Schultern und krummem Rücken durchs Leben geht. In solchen Haltungsmustern verstärkt und vertieft sich ein Schmerz eher. Diese Erkenntnis kann so manche Negativentwicklung stoppen.

Versorgen Sie Ihr Gehirn ausreichend mit Sauerstoff

Eine aufrechte, zentrierte Körperhaltung kann also sogar therapeutisch auf uns wirken. Wir wissen heute, dass unser Gehirn entsprechend unserer Körperhaltung in bestimmten Regionen stärker mit Sauerstoff versorgt wird oder nicht. Schon ein Lächeln aktiviert unser Gehirn und bewirkt eine positive Stimmung. Durch eine zentrierte Haltung nimmt der Körper um bis zu 40 Prozent mehr Sauerstoff auf. Dadurch stabilisiert sich das Herz-Kreislaufsystem, der Lymphfluss und die Entgiftung über das lymphatische System verbessern sich, das Nervensystem wird belastbarer, Verspannungen lösen sich, und die individuellen Leistungsgrenzen und Ihre Wahrnehmung für sich und andere erweitern sich. Dieses Wissen konsequent umge-

setzt, kann Ihnen in Sachen Ausstrahlung großen Nutzen bringen! (Übungen zur zentrierten Haltung siehe Kapitel „Natürlich-souverän sitzen und stehen".)

Test: Wechselwirkung Körper und Geist

Lassen Sie Schultern und Kopf hängen, gehen Sie eine Weile mit gekrümmtem Rücken und heben Sie die Füße dabei kaum an. Halten Sie die Hände vor dem Bauch oder hinter dem Rücken ineinander geschlossen.

Sie werden bald spüren, wie sich Ihre Gefühlswelt Ihrer Körperhaltung anpasst und trübe Gedanken in Ihnen aufziehen. Machen Sie die Gegenprobe: Gehen Sie aufrecht mit balanciertem Kopf, lächeln Sie dabei, lassen Sie die Arme seitwärts locker hängen, und schwingen Sie sie leicht mit. Sie werden sehen: Ihre Stimmung wird sich rasch beleben.

Wir wirken auf unsere Umwelt und umgekehrt

Ein ganz anderer Aspekt kann einer zentrierten, aufrechten Körperhaltung eine therapeutische Wirkung verleihen: die Wechselwirkung mit unserer Umwelt. Unsere Körperhaltung wirkt auf die Umwelt. Deren Resonanz auf uns wiederum wird für uns spürbar, wir handeln entsprechend – und so weiter. Sowohl eine schwache wie eine positive Ausstrahlung wird dadurch wechselseitig gestärkt (siehe dazu auch das Kapitel „Wie Sie auf andere wirken").

Die Resonanz auf Ihre Haltung

Ein Beispiel, das Sie sicher kennen, soll Ihnen diesen Effekt deutlich machen. In jeder Firma sind solche Menschen anzutreffen, die trotz ihrer Qualifikation und Intelligenz keinen vernünftigen Fuß auf den Boden bekommen. Sie nerven jeden, der mit ihnen in Kontakt kommt, und setzen selbst bei den geduldigsten Kollegen ungeahnte Aggressionspotenziale frei. Nicht selten haben solche Menschen schwere Schicksalsschläge hinter sich und scheinen das Unglück nur so anzuziehen. Tragisch ist, dass dies auch häufig so geschieht.

Sie ahnen es bereits: Grund für die negative Resonanz, die solche Kollegen überall auslösen, ist schon ihre Körperhaltung: den Kopf zwischen die Schultern gesteckt, leicht gesenkt oder schräg gehalten, ein schleichender Gang, eine leise, devote Stimme, immer mit einem „Entschuldigen Sie" oder „Ich wollte nicht stören" auf den Lippen.

Mit ein wenig Fantasie können Sie sich Ihre Reaktion auf diese Körperhaltung vorstellen. Der Kollege muss sich noch mit keinem Ton geäußert haben, schon fühlen Sie sich gestört und reagieren darauf Ihrem Temperament entsprechend mehr oder weniger ablehnend. Ohne etwas „sachlich" falsch gemacht zu haben, hat dieser Mensch schon wieder eine Niederlage eingesteckt. Sein Selbstbewusstsein wird von neuem angegriffen, und seine devote Körperhaltung wird umso stärker signalisieren: „Ich bin eigentlich gar nicht da!", „Ich will weg hier!" oder „Tu mir nichts!"

Wenn solche Menschen mit einem Trainer eine aufrechte Körperhaltung üben, kann sich das direkt auf das Verhalten anderer ihnen gegenüber auswirken. Ihr Auftreten hinterlässt einen anderen Eindruck und plötzlich kommt eine positive Entwicklung in Gang. Dies gilt natürlich nicht nur für „schwere Fälle", sondern auch für eine schlechte Laune, mit der wir in eine Verhandlung gehen, für eine depressive Stimmung, in die wir einmal geraten können, oder wenn wir uns – worüber auch immer – ärgern.

Die positive Rückwirkung nutzen

Worin liegt nun aber der behauptete therapeutische Aspekt? – Wer sich in angespannten Situationen „hängen lässt", wie wir so treffend sagen, wird noch weitere Misserfolge erleben. Denn die Umwelt wird ablehnend reagieren. Gelingt es Ihnen, sich aufrecht zu halten oder gar eine zentrierte Körperhaltung einzunehmen, so werden sie entsprechend unterstützende Signale Ihrer Gesprächspartner ernten. Diese können Ihnen helfen, Ihre Tiefs schneller zu überwinden.

Wenn es Ihnen nicht gut geht: Nehmen Sie eine zentrierte, aufrechte Körperhaltung ein und lächeln Sie entspannt. Das wird Sie unterstützen, in Krisensituationen schneller klar zu sein.

Im Einklang mit Ihrem inneren Rhythmus

Wie oft stecken wir im hektischen Alltag fest, wissen nicht mehr, wie wir den Berg Arbeit, der vor uns liegt, bewältigen, und den Ansprüchen gerecht werden sollen, die von allen Seiten an uns gestellt werden. In solchen Situationen wünschen wir uns, endlich mal wieder wir selbst zu sein. „Ich muss erst einmal wieder zu mir kommen", sagen wir dann, und treffen damit den Nagel auf den Kopf. In solchen Situationen haben wir den Kontakt zu unserem inneren Rhythmus und unser inneres Gleichgewicht verloren. Nichts geht mehr leicht, alles ist mit Anstrengung verbunden.

Solange wir glauben, in unserer täglichen Routine gefangen zu sein, können wir nie selbstbestimmt agieren und uns nicht aus belastenden Situationen befreien. Was tun? Unsere Erfahrungen haben gezeigt, dass die *fühlbare* Wahrnehmung von Puls und Herzschlag hier gute Dienste leisten kann.

Der Puls – Ihr Gradmesser

Unser Körper zeigt an, was ihm gut tut oder schadet, was unserem Wertesystem oder unserer inneren Einstellung entspricht oder widerspricht. Wir sollten aufmerksamer auf seine Signale achten, sie sogar begrüßen. Einer seiner wichtigsten Anzeiger, ob wir innerlich im Gleichgewicht sind, ist unser Puls.

> Unser Puls ist der beste Anzeiger für Überforderung jeder Art.

Messen Sie einmal morgens vor dem Aufstehen Ihren Ruhepuls. Bei einem gesunden, nicht gestressten Menschen mittleren Alters liegt er bei etwa sechzig Schlägen pro Minute. Natürlich gibt es hier individuelle Unterschiede, die auch altersbedingt sind. Ihr Hausarzt wird Ihnen sicher gerne die für Sie optimale Pulsfrequenz ermitteln.

Die Vielfalt der Pulsarten

In der tibetischen Medizin spielt der Puls eine zentrale Rolle. Sie unterscheidet 28 klassische Pulsarten. Die Anzahl der Pulsschläge pro Minute ist dabei nur *ein* Kriterium unter vielen. Da sind zum Beispiel der oberflächliche Puls, der tiefe Puls, ein feiner Puls, ein großer, ein leerer, ein voller Puls. Andere Merkmale sind ein schlüpfriger, rauer, drahtiger, jagender, intermittierender, langer, sanfter, überflutender, kraftloser Puls und v. a. m. Im Puls anderes zu erkennen als seine Eigenfrequenz, ist für uns westlich geprägte Menschen nicht ganz leicht. Wir fühlen unseren Pulsschlag meist nur unter Druck – egal ob zeitlich oder emotional –, weil er dann schneller und deshalb leichter wahrnehmbar ist.

Finden Sie Ihren inneren Rhythmus

Versuchen Sie einmal, Ihren Puls im Körper zu fühlen oder am linken Unterarm zu ertasten und seine Merkmale differenzierter wahrzunehmen. Ist er regelmäßig? Fühlen Sie ein tiefes oder eher vibrierendes Pulsieren? Denken Sie sich nichts, wenn anfänglich nichts für Sie fühlbar wird. Unsere Sinne müssen sich erst stärken, um solche Feinheiten wieder vermitteln zu können. Wiederholen Sie dies von Zeit zu Zeit. Wenn Ihr Puls in seiner Eigendynamik wieder für Sie wahrnehmbar ist, haben Sie einen wichtigen Schlüssel für Ihre Gegenwärtigkeit und Ausstrahlung zurückgewonnen.

> Alle Aktivitäten, die Ihren Puls hektisch beschleunigen, zeigen ein über Ihren momentanen Leistungsgrenzen und psychischen Möglichkeiten liegendes Handeln an.

Wenn Sie mit Ihrem Puls in Kontakt sind, sind Sie mit Ihrem inneren Rhythmus verbunden.

Außerhalb des roten Drehzahlbereichs

Damit wir uns nicht ständig selbst überholen, sollten wir unsere Aufmerksamkeit dafür schärfen, wann, auf welche Auslöser hin, und wie wir uns überfordern.

Test: Wo ist Ihre Leistungsgrenze?

Machen Sie einen Spaziergang. Tasten Sie vor dem Losgehen mit Zeige-, Mittel- und Ringfinger der linken Hand Ihren Puls am Unterarm knapp oberhalb des rechten Handgelenks. Wenn Sie Ihren Puls ertastet haben, gehen Sie ganz langsam etwa zehn ruhige Schritte. Steigern Sie dann Ihr Gehtempo unvermittelt auf das Doppelte für zehn weitere Schritte. Danach lassen Sie wieder zehn ruhige und darauf wieder zehn schnelle Schritte folgen.

Wiederholen Sie diese Sequenz, so oft Sie wollen. Doch bitte nicht bis zur Atemnot! Lernen Sie mit dieser Übung *denjenigen* Punkt zu fühlen, wo Sie Ihre Leistungsgrenzen überschreiten oder bereits überschritten haben. Nähern Sie sich *dem* Punkt, an dem Sie plötzlich wesentlich mehr Energieaufwand einsetzen müssten, um die Bewegungssequenz regelmäßig und im gleichen Tempo aufrechtzuerhalten, Schritt für Schritt an. *Dieser* Punkt steht für Ihre momentane Leistungsgrenze, für das durch Ihre körperliche Konstitution definierte Limit Ihrer momentanen Leistungsfähigkeit und Belastbarkeit.

Die Wahrnehmung dieses Punktes hilft Ihnen gerade im Alltag und in Krisensituationen. Dieses sehr einfache Verfahren garantiert Ihnen, sich nicht ständig unnötig auszulaugen und zu überfordern.

Lassen Sie Ihr Herz sprechen

Das ist ganz wörtlich gemeint. Denn mit der gerade beschriebenen Übung entwickelt sich ein Gefühl für Ihren Herzschlag. Mit zunehmender Praxis wird Ihr Herzschlag selbst im Zustand der Ruhe körperlich wahrnehmbar – auch ohne „Hand aufs Herz!"

Die Charakteristika Ihres Herzschlags geben Aufschluss über Ihre innere Befindlichkeit: Mit einem tiefen, kräftigen, ruhig und harmonisch pulsierenden Herzschlag strahlen Sie auf andere Menschen innere Ruhe, Kraft und Harmonie aus: „Ich stehe voll im Leben und auf dem Boden der Tatsachen."

Sie sollten immer wieder darauf achten, ob Ihr Herzschlag in *jeder* Alltagssituation fühlbar wird: So stärkt sich auf Dauer auch die Gesamtkonstitution Ihres Körpers und Ihre zuneh-

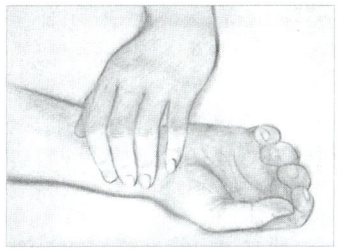

mende Bewusstheit für Ihren inneren Rhythmus lässt Sie an Ausstrahlung gewinnen. Vor allem zu Beginn wird es Ihnen helfen, dabei eine Handfläche unterhalb, und die andere oberhalb Ihres Nabels auf den Bauch zu legen. Tun Sie dies so, dass sich die Mittellinien Ihrer Handflächen mit der Mittellinie Ihres Körpers decken.

Schon nach wenigen Wochen der passiv fühlenden Betrachtung Ihres Herzschlags werden Sie feststellen, dass sich sein Schlagen vertieft. Das ist die effektivste und kostengünstigste Investition zum Aufbau von Gelassenheit, natürlicher Souveränität und innerer Kraft.

Vorsicht vor zu viel Kaffee

Dass Koffein ein Aufputschmittel ist, wissen wir. Dennoch trinken wir gerade im Büroalltag Kaffee in großen Mengen, so als wäre es ein beliebiges Getränk. In den meisten Büros ist Kaffee stets vorhanden, andere Getränke dagegen muss man sich selbst besorgen. Wer zu viel Kaffee trinkt, sollte jedoch seinen Kaffeekonsum schrittweise verringern. Denn Nervosität und eine erhöhte Herzfrequenz schaden nicht nur Ihrer Gesundheit, sondern auch Ihrer natürlichen Ausstrahlung.

Und noch ein wesentlicher Punkt: Kaffeekonsum erhöht die Flüssigkeitsausscheidung und trübt gleichzeitig die Wahrnehmung für den wirklichen Flüssigkeitsbedarf. Um Wassermangel und Dehydration vorzubeugen, sollten Sie zu jeder Tasse Kaffee mindestens zwei Tassen Wasser trinken!

> Tipp: Vermeiden Sie es, eine halbe Stunde bis eine Stunde vor einer wichtigen Besprechung oder Verhandlung Kaffee zu trinken. Das erhöht Ihre Nervosität und schwächt Ihre innere Kraft!

Übungen: Puls und Herzschlag

Übung: Innerer Rhythmus

Diese Übung verhilft Ihnen – selbst in Momenten größter innerer Anspannung –, schnell und unkompliziert in eine ausgeglichene und entspannte Haltung zurückzufinden. Wiederholen Sie diese Übung oder Teile daraus immer wieder mit offenen und geschlossenen Augen. Schon nach vier Wochen aufmerksamen Übens wird sich dadurch Ihre Selbstwahrnehmung, die Wahrnehmung Ihrer realen Möglichkeiten und Grenzen, sowie die Aufmerksamkeit anderen gegenüber deutlich erweitern.

1   Legen Sie sich auf den Boden. Legen Sie die Arme entspannt neben Ihren Körper und schließen Sie die Augen. Lauschen Sie Ihrem Atem in seiner von Ihrem Willen unabhängigen, autonomen Ein-Aus-Bewegung.

2   Vergegenwärtigen Sie sich, dass Ihr Atem ganz selbstverständlich, ohne bewusst gesteuerte, willentliche Anstrengung fließt. Er strömt entsprechend Ihres inneren Rhythmus'. Je länger Sie Ihren Atem in seiner Eigendynamik betrachten, desto mehr Anspannung wird aus Ihrem Körper weichen, desto entspannter werden Sie.

3   Wenn Ihr Atem harmonisch fließt, legen Sie eine Hand unterhalb und die andere oberhalb Ihres Nabels auf die

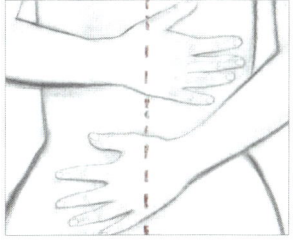

senkrecht gedachte Mittellinie Ihres Körpers. Die Mittellinien der Handflächen decken sich dabei mit der Mittellinie Ihres Körpers. Ihre Ellbogen ruhen nach wie vor auf dem Boden. Sollten Sie Ihre Ellbogen dazu leicht anheben müssen, legen Sie die Fingerspitzen auf gleicher Höhe unterhalb Ihres Nabels auf die Mittellinie Ihres Körpers locker auf.

4   Betrachten Sie nun, wie Ihr Atem mehr und mehr in das Zentrum Ihrer Handflächen oder in die Fingerspitzen

fließt. Schauen Sie, ob für Sie wahrnehmbar wird, wie Ihr Atem genau *dorthin* strömt, wo Sie Ihren Körper berühren.

5   Nach einiger Zeit wird sich Ihr Herzschlag in Ihren Händen, Fingerspitzen oder anderswo bemerkbar machen. Ruhen Sie so lange in dieser Position, bis Ihr Atem und/oder Herzschlag deutlich wahrnehmbar wird.

6   Legen Sie Ihre Arme nun ganz langsam wieder neben Ihren Körper, ohne den Kontakt zu Ihrem Atem und Herzschlag zu verlieren. Achten Sie darauf, dass Ihre Schulter-, Oberarm- und Unterarmmuskulatur nach dem Ablegen der Arme entspannt bleibt, das Gewicht Ihrer Arme voll auf dem Boden ruht und nicht durch eine wie auch immer geartete Muskelaktivität gehalten wird. Ihre Ellbogen müssten leicht angewinkelt auf dem Boden aufliegen.

7   Heben Sie Ihre Arme nun gleichzeitig in Zeitlupentempo *soweit* an, bis sie plötzlich schwerer werden. Bei den meisten Menschen stehen die Arme dann in einem 14-Grad-Winkel vom Boden ab, also gar nicht weit. An diesem Punkt werden besonders die seitlichen Oberarmmuskeln beansprucht.

8   Halten Sie Ihre Arme etwa drei Sekunden in dieser Position. Lassen Sie die Arme dann unvermittelt auf den Boden fallen, ohne diese Bewegung mit Muskelkraft zu unterstützen oder gar zu führen. Ihr Atem sollte dabei weiter ruhig und ohne willentlichen Einfluss strömen.

9   Genießen Sie es, wie das Blut in Ihren Adern strömt und wie intensiv nun das Gewicht Ihrer Arme für Sie fühlbar ist. Fühlen oder hören Sie Ihren Atem, bleiben Sie in Kon-

takt mit Ihrem Herzschlag und wiederholen Sie die gesamte Bewegungssequenz so oft Sie wollen (Anheben – Halten – Fallen-Lassen – Entspannen), mindestens jedoch zweimal mit drei Sekunden Pause.

Übung: Puls und Atmung

1   Atmen Sie im Sitzen viermal tief ein und aus. Achten Sie darauf, dass Sie vollständig ausatmen. Tasten Sie mit Ihrem rechten Zeige- und Mittelfinger den Puls Ihrer linken Hand. Legen Sie nach den ersten vier Atemzügen mindestens zehn, höchstens zwölf Sekunden Pause ein. Atmen Sie ruhig weiter.

2   Wiederholen Sie diese Übung ein-, zwei- oder dreimal. Steigern Sie nach und nach die Atemgeschwindigkeit. Atmen Sie dabei in Ihrer Vorstellung immer bis zum Grund Ihrer Beckenbodens ein. Sie werden feststellen, dass sich Ihr Puls beschleunigt. Führen Sie diese Übung mit offenen Augen durch. Wenn Sie das Gefühl haben, Ihr Puls schlägt zu schnell, haben Sie zu schnell, vielleicht auch zu hektisch geatmet, auf jeden Fall nicht ruhig und entspannt genug.

Überfordern Sie sich nicht. Keine noch so effektiven Übungen sind von Erfolg gekrönt, wenn Sie Ihren Körper dadurch chronisch überreizen! Fordern Sie Ihre Leistungsgrenzen entsprechend Ihrer Pulsqualität langsam und angemessen heraus. Vermeiden Sie es, Ihren Puls künstlich hochzutreiben. Damit würden Sie zu schnell an Gleichgewicht verlieren.

Übung: Puls und Herz

Bei dieser Pulsübung wird Ihnen auffallen, dass Ihr Pulsschlag zu Ihrem Herzschlag zeitlich versetzt ist. Das ist nicht weiter verwunderlich, denn der Pulsschlag folgt dem Herzschlag. Diese Übung ist gut im Liegen oder Sitzen durchführbar.

1   Schließen Sie die Augen und fühlen Sie Ihren Puls. Versuchen Sie ihm bis zum Herzen nachzuspüren. Fühlen Sie, mit welcher Kraft Ihr Herzmuskel schlägt.

2   Atmen Sie abwechselnd schneller und langsamer. Lenken Sie Ihre Aufmerksamkeit auf Ihren Herzschlag. Fühlen Sie, wie Ihr Herz seinen Rhythmus nach der Atmung richtet: Atmen Sie schneller, schlägt es schneller; atmen Sie langsamer, wird Ihr Herzschlag ruhiger.

Ihr Pulsschlag gibt Auskunft über die Konstitution Ihres Herzens. Vor allem, ob es frei und harmonisch schlagen kann. Eingeschränkt werden kann es durch eine zu hohe Grundspannung des Körpers oder durch feststeckende oder meist unbewusst zurückgehaltene Blockaden.

> Gönnen Sie sich ruhige Minuten, in denen Sie sich erlauben, Ihr Herz zu fühlen. Notieren Sie sich die Gedanken und Gefühle, die Ihnen bei dieser und den vorherigen Übungen in den Sinn kommen. Sie geben Aufschluss darüber, was „Ihr Herz beschwert". Lassen Sie es nach oben kommen, das befreit von innerem Druck!

Akute Hilfe bei Überforderung

Was können Sie tun, wenn Sie mitten im Berufsalltag in eine Situation geraten, die Sie überfordert?

Beispiel:

 Sie haben eine schwere Auseinandersetzung mit Kollegen, bei der man Sie anschreit. Sie werden unter einem Berg Akten begraben und sollen dann noch eine Zusatzaufgabe unter höchstem Zeitdruck übernehmen. Sie stecken in einer Konfliktsituation, aus der Sie nur als Verlierer herauskommen können, egal wie Sie sich entscheiden.

Sie können sich in solchen Situationen nicht einfach auf den Boden legen, Ihre Hände zum Bauch führen, und entspannen. Um Sie herum arbeiten Ihre Kollegen oder andere sitzen mit Ihnen am Besprechungstisch. Akute Hilfe ist aber dringend von Nöten.

In solchen Situationen können Sie Folgendes tun:

- Setzen Sie sich nicht unter Druck, indem Sie versuchen, Ihre Hektik zu unterdrücken – so werden Sie noch hektischer und aufgeregter. Fühlen Sie entgegen möglicher sonstiger Gewohnheiten die Nervosität Ihres Pulsschlags. So ist er eben im Moment. Werten Sie dies nicht und schon gar nicht negativ. Allein das wird Ihnen schon eine erste spürbare Erleichterung bringen.

- Schauen Sie, ob Ihr Pulsschlag fühlbar wird. Dadurch wird sich Ihre Atmung beruhigen, harmonischer und tiefer werden. So gewinnen Sie Innere Kraft, Ausdrucksstärke und Klarheit zurück. Sie werden gegenwärtiger und können wieder freier handeln.

- Erinnern Sie sich, wenn Sie schon ein wenig mit diesem Buch gearbeitet haben, an Ihr inneres Gleichgewicht – egal, ob Sie gerade stehen oder sitzen (wenn möglich, ist es hilfreich, eine Hand unter den Nabel zu legen). Das wird Sie sofort stabilisieren, weil die aus den Übungen bereits hinzugewonnene Kraft und Präsenz aus dem Zustand der Ruhe in Ihre aktuelle Situation integriert wird. Sie aktivieren durch Ihr Erinnern die im Ruhezustand gewonnene Energie im Körper, die Ihr Körper auf diesen Impuls hin in jede aktuelle, auch hektische Situation automatisch überträgt.

Üben Sie regelmäßig

Diese letzte Methode wird nicht von Anfang an funktionieren. Doch wenn Sie nur vier bis sechs Wochen lang drei Minuten täglich im Ruhezustand üben, wird es Ihnen gerade in Stress-Situationen gelingen, sie erfolgreich anzuwenden. Nach einiger Praxis wird es Ihnen genügen, wenn Sie sich nur vorstellen, es läge eine Hand unter Ihrem Nabel.

Sie sehen: Es ist nicht nötig, sich an Hunderte von Details zu erinnern. Richten Sie ab und zu Ihre Aufmerksamkeit für kurze Zeit auf Ihre Atmung, Ihren Puls und Herzschlag.

Natürlich-souverän sitzen und stehen

Im Gespräch sitzen oder stehen wir zuallermeist. Die Art, wie wir das tun, sagt viel über uns oder unsere momentane Befindlichkeit aus. Wir verraten unbewusst, ob wir für unseren Gesprächspartner Sympathie oder Abneigung empfinden.

Wie Sie im Sitzen Haltung zeigen

Wichtige geschäftliche Kommunikation verläuft meist im Sitzen. Unabhängig davon, ob es ein Vorstellungsgespräch, ein Meeting im Kollegenkreis oder eine Verhandlung mit einem Geschäftspartner ist: Auch im Sitzen sollten wir eine souveräne und vertrauensvolle Ausstrahlung haben.

Eine zentrierte Haltung ist auch im Sitzen „das A und O" einer positiven Ausstrahlung. Sie finden auf den folgenden Seiten Übungen, die Ihnen zu einer aufrechten und entspannten Haltung im Sitzen verhelfen. Doch gibt es weitere Signale, die wir in bestimmten Positionen und Posen aussenden. Diese nonverbalen Signale zu kennen, hilft Ihnen die Wirkung Ihrer Kollegen und Gesprächspartner – auch auf Sie selbst – besser zu verstehen. Es lohnt sich also, sich damit ein wenig mehr zu befassen.

Die Sprache der Beine und Füße

Wahrscheinlich haben Sie es schon erlebt: Sie sitzen mit jemandem im Gespräch, haben aber das Gefühl, Sie kommen an den anderen nicht heran. Obwohl er sich Ihnen zuwendet, haben Sie den Eindruck, er möchte wieder weg. Wahrscheinlich trügt Sie dieser Eindruck auch gar nicht, denn Sie nehmen unbewusst wahr, dass Ihr Gesprächspartner seine Beine und Füße von Ihnen weg gerichtet hat. Eine solche Bein- und Fußhaltung signalisiert uns, ohne uns dessen bewusst zu sein, eine „Fluchtabsicht" unseres Gegenübers. Beobachten Sie anderseits einmal flirtende Menschen auf einer Fete: Die Füße zeigen dabei fast immer in Richtung des Gegenübers.

Was die Sitzposition aussagt

Die Art, wie jemand auf seinem Stuhl sitzt, kann Ihnen Hinweise auf die wahren, oftmals verborgenen Absichten oder die innere Haltung Ihres Gegenübers geben. In Verhandlungen kann es sehr hilfreich sein wahrzunehmen, ob Ihr Gesprächspartner den Oberkörper auf Sie zu- oder von Ihnen wegbewegt und damit spontane Offenheit oder Zurückhaltung signalisiert. Wenn Sie auf solche Botschaften achten, lässt sich so manches Missverständnis oder unangemessene Verhalten von vorne herein vermeiden.

Nicht zuletzt gibt aber, neben allen Zeichen aus Körpersprache und verbalem Ausdruck, vor allem die Ausstrahlung Ihres Gegenübers Aufschluss über dessen wahres Empfinden, das nur intuitiv erfassbar ist. Versuchen Sie daher nicht, rational von einer bestimmten Geste auf *eine* bestimmte innere Haltung zu schließen. So bedeutet der Griff an die Nase nicht immer, dass dieser Mensch gerade einen Gegenstand oder ein Gegenüber kritisch betrachtet.

Zentriert sitzen

Wie können Sie in jeder Situation eine souveräne Sitzhaltung bewahren? In den folgenden Übungen trainieren wir genau das. Dabei kommt es auf einen natürlich-zentrierten Stand der Füße an und darauf, dass Ihr Oberkörper, Hals und Kopf im Gleichgewicht sind. Eine zentrale Rolle spielen dabei Ihre Sitzhöcker. (Das sind die Knochen, die Sie am unteren Rand Ihrer Pobacken spüren, wenn Sie sich auf Ihre Hände setzen.)

> Wichtig ist, keine Positionen, die dies oder jenes ausdrücken sollen, einzustudieren, sondern dass sich in Ihnen ein klares Gefühl für eine balancierte Sitzhaltung entwickeln kann.

Auf Basis einer solchen Wahrnehmung werden Sie in den verschiedensten Situationen automatisch zentriert sitzen, ohne darüber nachdenken zu müssen.

Was ist eine zentrierte Haltung?

Eine zentrierte Haltung erlaubt uns, mit einem Minimum an Muskelkraft aufrecht zu sitzen, zu stehen und zu gehen. Dies ist der Fall, wenn unser Körper, von seinem Schwerpunkt ausgehend, entlang der natürlichen Falllinie zum Erdmittelpunkt mit minimaler Spannung im Gleichgewicht ist. Dies klingt zunächst selbstverständlich, doch denken Sie nur an Menschen, deren Kopf wie bei einer Giraffe übertrieben weit nach vorne steht. Zumindest der Kopf ist dann nicht im Gleichgewicht und muss von der Schulter- und Nackenmuskulatur gehalten werden. Andernfalls würde er nach unten fallen und auf dem Brustbein aufschlagen. Genau um das Einsparen solch überflüssiger Muskelspannungen geht es.

> Eine zentrierte Haltung zu haben bedeutet, dass unser Körper in jeder Haltung mit minimalem Aufwand im Gleichgewicht ist.

Wie komme ich in eine zentrierte Haltung?

Ob wir zentriert ausgerichtet sind, meldet uns am direktesten unser Gleichgewichtsapparat: die in unseren Innenohren liegenden Gleichgewichtsorgane. Aus Erfahrungen nach Karussellfahrten wissen wir zum Beispiel, dass sich ein Schwindel nicht so einfach abstellen lässt. Unsere Gleichgewichtsorgane brauchen nach einer unnatürlichen Bewegung Zeit, sich wieder auszubalancieren. Warum nicht diese Systeme nutzen, um unserer Gleichgewichtssituation in jeder Haltung gewahr zu sein?

Test: Anspannung und Gleichgewicht

Machen Sie folgenden Test: Setzen Sie sich auf die Vorderkante eines Stuhls und schließen Sie die Augen. Lassen Sie Ihre Arme locker neben Ihrem Körper hängen. Bewegen Sie nun langsam Ihren Oberkörper nach vorne. Achten Sie darauf, dass Sie die natürliche Spannung Ihrer Rückenmuskulatur beim 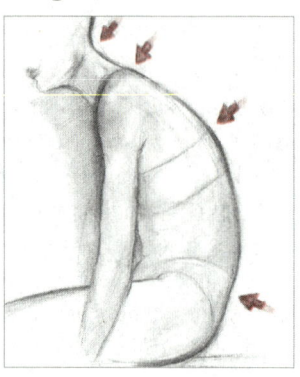 aufrechten Sitzen während der Bewegung nach vorne nicht erhöhen. Sie werden bemerken, dass Sie an einem bestimmten Punkt nach vorne wegkippen, wenn Sie die Spannung Ihrer Schultermuskulatur nicht erhöhen. Mit anderen Worten: es wird fühlbar, wenn Sie Ihr Gleichgewicht verlieren. Das sicherste Zeichen hierfür ist immer eine überproportionale Zunahme an Spannung in Muskelgruppen, die Haltungsfunktion in der momentan eingenommenen Körperhaltung übernehmen.

Geschlossene Augen verstärken die Wahrnehmung der Signale, die unsere Gleichgewichtsorgane liefern. Es bedarf einiger

Zeit, die mit geschlossenen Augen fühlbaren Effekte in gleicher Intensität mit offenen Augen wahrzunehmen.

Vorsicht Leistungsdruck!

Eine zentrierte Haltung, vom im Inneren des Körpers liegenden Schwerpunkt ausgehend (egal ob im Sitzen, Stehen oder Gehen), lässt Sie ganz automatisch natürlich-souverän wirken, ohne dass Sie sich über Bewegungsabläufe Gedanken machen müssten. Doch Vorsicht: Versuchen Sie nicht um jeden Preis, Zentriertheit zu erlangen. Zentriertheit ist kein Ziel, das unter Leistungsdruck erreicht werden könnte. Es ist Teil des Lebens, ein Reifeprozess, den wir in aller Ruhe angehen sollten. Vertrauen Sie Ihrem Körper und lassen Sie die Übungen aus diesem Buch auf sich wirken – damit haben Sie vorerst genug getan.

Übungen: Aufrecht und zentriert sitzen

Mit den folgenden Übungen wird immer mehr eine ungetrübte Wahrnehmung für Ihre balancierte Sitzhaltung entstehen. Ergebnis: Sie wirken natürlich-präsent, wach und klar!

Übung: Natürlich zentrierte Unterschenkel

Teilen Sie die Sitzfläche Ihres Stuhls gedanklich horizontal in drei Teile und reflektieren Sie Ihre gewohnte Sitzhaltung. Sitzen Sie natürlich-aufrecht?

1 Setzen Sie sich mit Ihrem Gesäß auf das vordere Drittel der Sitzfläche. Machen Sie es sich gemütlich. Rutschen Sie ein wenig hin und her. Verlagern Sie Ihr Körpergewicht von einer Pobacke auf die andere und stellen Sie

Ihre Füße parallel zueinander auf den Boden, etwa hüftbreit voneinander entfernt.

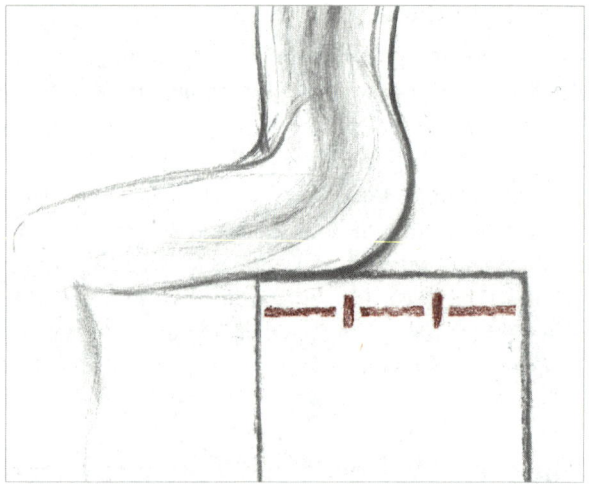

2   Lassen Sie Ihre Arme hängen und richten Sie Ihren Ober-
    körper auf. Beginnen Sie damit im unteren Rücken und
    setzen Sie die Bewegung nach oben bis in jeden Hals-
    wirbel hinein fort.

3   Legen Sie Ihre Handflächen etwa eine Handbreit von den
    Knien entfernt auf Ihre Oberschenkel. Spannen Sie Ihre
    Oberschenkelstreckmuskulatur in beiden Beinen gleich-
    zeitig langsam für drei Sekunden an. Spüren Sie die
    Anspannung unter Ihren Händen. Lassen Sie Ihre Hände
    auf den Oberschenkeln ruhen.

4   Heben Sie nach etwa fünf Sekunden Pause Ihr rechtes
    Bein gerade soweit an, dass es den Boden nicht mehr be-

rührt, und fühlen Sie, wie sehr sich die Oberschenkelmuskulatur anstrengen muss, um Ihr Bein zu heben. Halten Sie es zwei Sekunden angehoben und stellen Sie es langsam wieder auf den Boden ab. Heben Sie nun Ihr linkes Bein und fühlen Sie auch hier die Anstrengung. Wird das tatsächliche Gewicht Ihrer Beine fühlbar?

5   Umfassen Sie nach etwa sieben Sekunden Pause mit beiden Händen den Oberschenkel Ihres rechten Beins und heben Sie es an, *ohne* Ihre Oberschenkelstreckmuskulatur zu aktivieren. Achten Sie darauf, dass Sie dabei Ihren Oberkörper nicht in Richtung Ihres Oberschenkels beugen. Lassen Sie dann Ihr rechtes Bein nach etwa drei Sekunden unvermittelt und ohne Muskelanspannung auf den Boden fallen.

6   Wiederholen Sie nun das Gleiche mit Ihrem linken Bein. Lassen Sie Ihre Füße genau auf *dem* Platz ruhen, auf dem sie aufgetroffen sind. Vielleicht können Sie fühlen, wie die Fußsohlen zu kribbeln oder pulsieren beginnen. Lassen Sie anschließend Ihre Arme locker neben Ihrem Körper hängen.

Mit dieser Übung haben Sie eine gute Basis für eine zentrierte Sitzhaltung geschaffen: Ihre Füße und Unterschenkel ruhen jetzt zentriert auf ihrem Boden.

Übung: „Pobacken-Ballett"

Sie sitzen in der gleichen Haltung wie in der vorigen Übung. Schließen Sie während der gesamten Übung Ihre Augen.

1   Verlagern Sie Ihr gesamtes Körpergewicht auf Ihre linke Pobacke, so dass sich die rechte anhebt. Ihre Arme hängen

seitlich nach unten. Achten Sie darauf, dass Ihre Fußsohlen während dieser einseitigen Gewichtsverlagerung am Boden bleiben.

2   Ertasten Sie nun mit den gefassten Fingerkuppen der rechten Hand am unteren Rand der Pobacke Ihr rechtes Sitzbein, auch Sitzhöcker genannt. Vor allem bei schlankeren Menschen ragt das Sitzbein deutlich hervor.

3   Drücken Sie mit Ihren Fingerkuppen leicht auf die Sitzbeinspitze, lassen Sie dann den Druck wieder nach – ohne die Finger von der Stelle zu lösen. Streichen Sie anschließend langsam und sanft mit den nun wieder geöffneten Fingerkuppen nach oben bis an den oberen Rand des Beckens.

4   Führen Sie nun Ihren rechten Arm seitlich neben Ihren Körper. Versuchen Sie gleichzeitig Ihr gesamtes Körpergewicht auf die Spitze des eben berührten Sitzbeines zu zentrieren. Dadurch hebt sich die linke Pobacke an.

5   Wiederholen Sie nun den gleichen Bewegungsablauf mit der linken Hand. Der einzige Unterschied ist, dass Sie am Ende der Übung Ihr Körpergewicht gleichmäßig auf beide Sitzhöcker verteilen. Dies gelingt Ihnen am einfachsten, indem Sie Ihren Körper zwei- oder dreimal leicht hin- und herpendeln lassen, ohne dass Sie dazu das Gesäß anheben. Ihre Augen bleiben geschlossen, Ihre Fußsohlen am Boden, Ihre Arme neben Ihrem Körper hängen.

Das bewusste Sitzen auf den Sitzhöckern ist für jede Sitzhaltung entscheidend. Unabhängig davon, ob Sie zum Arbeiten oder Essen weiter vorne auf einem Stuhl sitzen oder in einem

Vorstellungsgespräch oder einer Verhandlung eher die gesamte Sitzfläche eines Stuhles einnehmen.

> Am Anfang wird es Ihnen helfen, ab und zu mit den Händen nach den Sitzhöckern zu tasten und sich bewusst darauf zu setzen – bis fühlbar wird, dass Sie wirklich natürlich zentriert sitzen.

Übung: Beckenrollübung

Setzen Sie sich auf einen Stuhl. Ihr Gewicht ruht auf den Sitzhöckern. Richten Sie nun Ihre Aufmerksamkeit auf den Bereich Ihrer Lendenwirbelsäule. Schließen Sie die Augen.

1 Gehen Sie bewusst in eine Rundrückenhaltung. Rollen Sie dann Ihre Lendenwirbelsäule in Zeitlupe in die entgegengesetzte Haltung und krümmen Sie den Lendenwirbelsäulenbereich so weit wie möglich nach vorne.

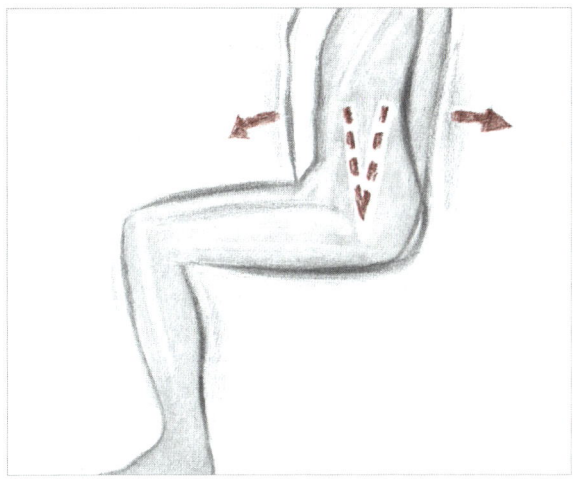

2   Fühlen Sie nun, indem Sie ganz langsam Ihre Position zwischen einer extremen Rundrückenhaltung und einer extremen Hohlkreuzhaltung aufrechter werden lassen, wann Ihre Lendenwirbelsäule natürlich-zentriert ausgerichtet ist.

3   Genießen Sie das Spiel Ihrer Lendenwirbelsäule um Ihr inneres zentrales, unsichtbares Lot. Bewegen Sie sich langsam und abwechselnd nach vorne und hinten.

So wie Sie vorher beim „Pobacken-Ballett" Ihren Körper horizontal (rechts-links) ausbalanciert haben, balancieren Sie ihn mit der Beckenrollübung in vertikaler Richtung (vor-zurück). Damit haben Sie die wichtigste Grundlage für eine natürlich-zentrierte Sitzhaltung geschaffen.

> Verstärken können Sie dieses Bewusstsein durch die Vorstellung, dass Ihre beiden Sitzhöcker zusammen mit Ihrem Steißbein ein Dreibein bilden, auf dem Ihr Oberkörper im Sitzen ruht.

Übung: Sitzen und entspannen

Sitzen Sie zentriert, können Sie die bereits beschriebene Atemübung zum inneren Rhythmus statt im Liegen nun im Sitzen machen.

1   Legen Sie dazu Ihre Hände oberhalb und unterhalb des Bauchnabels auf die Mittellinie Ihres Körpers. Fühlen Sie, wie sich Ihr Bauch leicht hebt und senkt und wie der Atem in die Mittelpunkte der Handflächen strömt. Warten Sie, bis Ihr Atem in gleichmäßigen Zügen fließt.

2 Sobald Ihr Atem *in sich* im Gleichgewicht ist, führen Sie Ihre Arme seitlich neben Ihren Körper, ohne dabei die Aufmerksamkeit für Ihren Atem zu verlieren. Stellen Sie sich vor, Ihre Hände würden weiterhin auf der Mittellinie Ihres Körpers ruhen.

3 Versuchen Sie nun, sich bei jedem Einatemzug, den Ihr Körper nimmt, vorzustellen, die einströmende Luft würde mehr und mehr in Ihre Fußsohlen strömen: Ihr Atem strömt durch das Becken, die Leisten, Ober- und Unterschenkel bis in die Mittelpunkte Ihrer Fußsohlen.

4 Bleiben Sie etwa fünf Minuten in dieser Vorstellung

> Diese Übung können Sie auch im Büro machen. Besonders in Stresssituationen kann sie Ihnen helfen, rasch wieder in ruhigere Bahnen zu kommen.

Stehen Sie fest auf dem Boden

„Auf den Standpunkt" kommt es an, sagen wir im Deutschen, oder: „Der hat völlig den Boden unter den Füßen verloren." Ausdrücke, die viel über die symbolische Bedeutung des Stehens verraten, und darüber, wie stark wir unbewusst darauf reagieren, wie unser Gesprächspartner vor uns steht. Haben seine „Standpunkte" Substanz und Bodenhaftung? Ist er in seinem „Standpunkt" flexibel oder eher unbeweglich?

Stehen Sie mit innerem Gleichgewicht?

Es gibt zahllose Haltungsmerkmale, die darauf hinweisen, dass jemand innerlich aus dem Gleichgewicht geraten ist:

- schief gehaltene, abfallende oder nach vorne eingefallene Schultern,
- durchgedrückte Knie,
- ständiger Wechsel von Stand- und Spielbein,
- Beckenschiefstand,
- Hohlkreuz,
- eine schiefe Kopfhaltung.

All diese Merkmale nehmen wir in der Regel zwar nur unbewusst wahr, doch es reicht aus, intuitiv zu wissen, ob jemand auf dem Boden der Tatsachen steht oder nicht. Versucht er auch noch, diesen „unausgeglichenen" und selbst unbewusst als unsicher wahrgenommenen Stand mit Verlegenheitsposen (Hände in den Hosentaschen, Spielen mit den Händen u. Ä.) abzustützen oder zu überspielen, verstärkt sich der Eindruck, den andere auf den ersten Blick bereits gewonnen haben.

Es fällt auf, wenn mit solchen Mitteln eine innere Schwäche ausgeglichen oder verschleiert werden soll. Auf den Gesprächspartner überträgt sich das als Gefühl von Unsicherheit, denn solche Verlegenheitshaltungen lenken seine Aufmerksamkeit vom Wesentlichen ab.

So stehen Sie zentriert

Die Haltung des Kopfes beeinflusst ganz wesentlich unsere Haltung im Stehen. Der Kopf kann bei nicht zentrierter Haltung mit einem Eigengewicht von ca. 6,5 bis 12 kg den gesamten Oberkörper nach vorne ziehen und für erhöhte Muskelanspannung bis in die Fersen sorgen. Umgekehrt beeinflusst die zentrierte Ausrichtung der Lendenwirbelsäule die Aus- und Aufrichtung des Kopfes und damit die Position von Brust- und Halswirbelsäule.

Bei einem zentrierten Stand zeigen die Fußspitzen nach vorne, die Beine stehen etwa hüftbreit auseinander. Der Oberkörper ist aufgerichtet, der Kopf ebenfalls. Stellen Sie sich vor, jemand zöge Sie am Mittelpunkt Ihrer Schädelplatte leicht nach oben. So geht es am besten. Lassen Sie die Schultern fallen und die Arme locker hängen. Die Knie sind leicht gebeugt.

Im Folgenden stellen wir Ihnen eine Übungssequenz zum zentrierten Stehen vor.

Übungen: Zentriertes Stehen

Die folgenden Übungen werden nicht mehr als drei Minuten in Anspruch nehmen. Sie unterstützen eine aufrechte, entspannte Körperhaltung. Praktizieren Sie diese Übungen als Sequenz so oft Sie wollen oder greifen Sie einzelne Übungen heraus.

Übung: In eine aufrechte Haltung kommen

1   Stellen Sie sich mit beiden Beinen gleichmäßig auf den Boden, die Füße hüftbreit auseinander. Am besten barfuß. Spüren Sie bewusst den Boden unter Ihren Füßen. Halten Sie Oberkörper und Kopf aufrecht. Die Arme hängen locker neben Ihrem Körper.

2   Bewegen Sie sich nun langsam in den Knien auf und ab. Sie werden feststellen, dass Ihr Becken bei durchgedrückten Knien nach vorne kippt und Ihr Gesäß sich nach hinten bewegt. So gelangen Sie in eine Hohlkreuzhaltung, die vor allem in den unteren Lendenwirbelbereichen eine erhöhte Anspannung bis hin zur Verkrampfung der für diesen Bereich verantwortlichen Muskulatur zur Folge hat. Gehen Sie leicht in die Knie, passiert das Gegenteil: Ihr Becken „kippt" nach hinten und der untere Lendenwirbelbereich „fällt" entspannt nach unten.

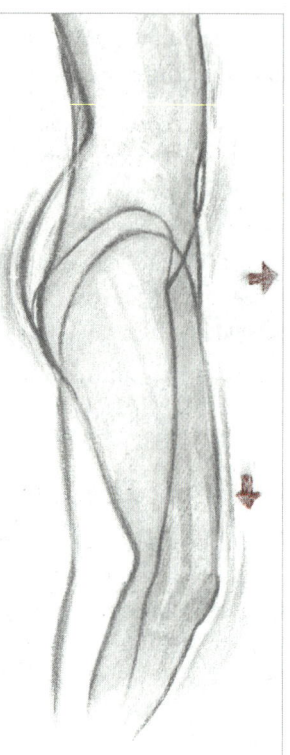

3   Versuchen Sie nun zu erfühlen, wann Sie eine balancierte Haltung erreicht haben. Sie werden feststellen, dass Sie eine entspannte Position nur dann einnehmen können, wenn Sie leicht in die Knie gehen.

4   Führen Sie Ihre Hände in Richtung der vorderen Oberschenkelstreckmuskulatur. Ihre Fingerspitzen zeigen nach wie vor zum Boden. Fühlen Sie die unter Ihren Händen liegenden Muskelstrukturen.

5   Tun Sie so, als würden Sie mit Ihren Händen etwas nach unten streifen, so dass die Aktivitäten Ihrer Oberschenkelmuskulatur besser wahrnembar werden können. Strecken und beugen Sie Ihre Beine in langsamer Auf-und-Ab-Bewegung.

6   Wenn Sie diese Übung langsam durchführen und dabei aufmerksam Ihren Körper betrachten, werden Sie nach wenigen Übungsminuten das Gefühl haben, dass Ihre Beine, genauer gesagt Ihre Oberschenkel in eine bestimmte Position nahezu „einrasten". Dies ist ein sehr entspannender Moment. Sie erkennen, dass sich Ihr Körper kaum „halten" muss, solange er im Gleichgewicht ist.

7   Nehmen Sie nun die Hände von den Oberschenkeln und lassen Sie Ihre Arme frei hängen. Lassen Sie Ihren Körper auspendeln, indem Sie ihn minimal hin- und herbewegen.

Übung: Beweglicher Oberkörper

Nachdem Sie Beine und Becken, also auch den Lendenwirbel-säulenbereich balanciert ausgerichtet haben, geht es nun darum, die Brustwirbelsäule und den Brustkorb aufzurichten.

1   Nehmen Sie die gerade geübte zentrierte Stehhaltung ein.

2   Berühren Sie Ihre Brustbeinspitze mit dem rechten Mit-telfinger und knicken Sie Ihren Oberkörper darüber ein. Das ist nur eine kleine Bewegung.

3   Gehen Sie anschließend in die Überstreckung, in die entgegengesetzte Richtung nach hinten. Lassen Sie diese Bewegung um das natürliche Lot Ihres Körpers immer kleiner werden, bis Ihr Oberkörper balanciert ist.

Übung: Den Kopf bewegen

Auch die Haltung Ihres Kopfes beeinflusst Ihre Haltung im Stehen.

1   Führen Sie Ihren Kopf ganz langsam in Richtung Ihrer rechten Schulter, so als würden Sie ihn in Zeitlupe darauf ablegen. Richten Sie dabei Ihre gesamte Aufmerksamkeit auf die zunehmende Spannung in den Muskeln und Bän-dern von Hals und Schultern.

2   Führen Sie anschließend die gleiche Bewegung in die entgegengesetzte Richtung durch. Machen Sie dies einige Male in Zeitlupe und liebevoll. Lassen Sie dabei Ihre Bewegungen immer kleiner werden.

3   Führen Sie diese Übung erst mit offenen, dann mit ge-schlossenen Augen durch.

4   Aktivieren Sie anschließend Ihre Halswirbelsäule, indem Sie sich vorstellen, Ihr Kopf wäre wie in einer Schublade auf Ihrer Halswirbelsäule montiert. Bewegen Sie Ihren Kopf parallel zum Boden wie eine Schublade nach vorne und hinten. In beiden Positionen dehnen Sie Ihre Nacken- und Halsmuskulatur. Viele Menschen denken, ihre nach vorne überstreckte Kopfhaltung wäre entspannt. Dies ist ein Irrtum, denn gerade diese Haltung fordert die Nackenmuskulatur enorm.

5   Entwickeln Sie ein Gefühl für das Gewicht Ihres Kopfes und die Notwendigkeit, dass Ihr Kopf auf Ihrer Halswirbelsäule ruht. Beobachten Sie den direkten Zusammenhang zwischen der Position Ihrer Halswirbelsäule, der Haltung Ihres Kopfes und der Spannung in Ihrer Schulter- und Nackenmuskulatur.

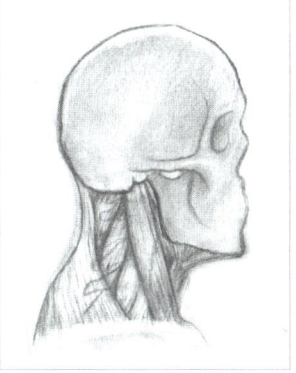

6   Halten Sie zum Abschluss Ihre Augen geschlossen und fühlen Sie, wie sich Ihr Körper nahezu von alleine *von den Sohlen bis zum Scheitel* in eine balancierte Haltung einpendelt.

Waren Sie zentriert?

Vorsicht: Wenn Sie jahrelang eine nicht zentrierte Haltung eingenommen hatten, wird Ihr Körper signalisieren, dass Sie in einer zentrierten Haltung aus dem Gleichgewicht sind. Wie sagen wir so schön: Der Mensch ist ein Gewohnheitstier. Mit anderen Worten: Nach einer Übungssequenz werden Sie wohl kaum „wie eine Eins dastehen". Was Sie aber erfahren werden, ist, dass sich Ihr Körper mit zunehmender Praxis von innen heraus selbst balanciert und sich mehr und mehr einer natürlich aufgerichteten Haltung nähert.

Noch etwas: Verspannungen, die sich im Laufe von Jahren oder Jahrzehnten aufgebaut haben und deshalb von Ihrem Gehirn nicht mehr als solche gemeldet werden, können nach Berichten unserer Klienten während dieser Übungen wieder in ihrem tatsächlichen Schmerz zu Tage treten. Seien Sie also nicht irritiert, wenn sich während oder auch nach diesen Übungen Spannungsschmerzen einstellen. Wenn diese wieder fühlbar werden, ist das ein sehr positives Zeichen.

Im Gang natürlich Haltung zeigen

Der Gang eines Menschen sagt viel über ihn und seine momentane Befindlichkeit aus. Wenn der Geschäftsführer den Sitzungssaal mit raschen Schritten betritt, die Arme locker schwenkend, wird er anpackend und selbstbewusst wirken. Wenn er dagegen mit gesenktem Kopf, die Hände auf dem Rücken verschränkt, langsam in den Raum kommt, kann das die Atmosphäre der ganzen Sitzung stören. Die Teilnehmer werden weniger motiviert sein, konstruktive Vorschläge zu äußern und die Sitzung rasch beenden wollen.

Signale solcher Art wirken stark auf unser Unbewusstes. Meist registrieren wir nur ein vages Unbehagen oder merken, wie plötzlich die Lust an inhaltlichem Engagement wächst, ohne sagen zu können warum.

Jung oder alt?

Haben Sie sich schon einmal gefragt, warum uns manche ältere Menschen jünger erscheinen als andere deren Haut nicht weniger faltig ist? – Häufig liegt dies am Gang. Denn nicht die Falten im Gesicht lassen einen Menschen alt wirken, sondern die Art seinen Körper zu bewegen. Ist sie steif und ungelenk, wirkt ein Mensch automatisch älter. Jüngere Menschen, die seelisch verknöchert sind, verraten dies meist an einem Gang, der ihrem Alter nicht entspricht. Die Ausstrahlung eines Menschen kann dadurch stark leiden.

> Wer eine natürlich-zentrierte Haltung im Gehen hat, wirkt automatisch kraftvoller, natürlicher und präsenter – egal ob jung oder alt.

Die Stellung der Füße

Noch wichtiger als im Sitzen oder Stehen (siehe Kapitel „Natürlich-souverän sitzen und stehen") ist die Haltung der Füße beim Gehen. Die wenigsten Menschen widmen der Stellung ihrer Füße die angemessene Aufmerksamkeit; dabei ist die Fußhaltung auch für unsere Gesundheit von entscheidender Bedeutung.

Die Basis, auf der wir stehen

Unsere Füße tragen unseren Körper. Umso wichtiger ist es, dass sie zentriert ausgerichtet sind. Sind wir schon „an der Basis" aus dem Gleichgewicht, sind weitere Fehlhaltungen, Verspannungen, Rückenprobleme bis zu Verstimmungen die Folge: die Ausstrahlungskiller Nummer eins.

Dabei sollten Ihre Beine weder zu weit auseinander stehen, noch zu eng. Die Füße sollten sich nicht berühren, sonst fehlt es Ihnen an Ausgeglichenheit. Wenn Sie, wie bereits beschrieben, mit beiden Beinen beckenbreit stehen, ist Ihr Oberkörper beweglich, ohne dass Sie an Standhaftigkeit verlieren.

Achten Sie darauf, dass Ihre Füße parallel zueinander stehen und gerade nach vorne zeigen. Das Körpergewicht sollte gleichmäßig auf beide Füße verteilt sein.

> Bewegen Sie immer wieder einmal die Zehen – auch im Sitzen unter dem Schreibtisch. Das fördert die Durchblutung und macht wach. (Übrigens auch ein guter Trick für Morgenmuffel, um leichter aus dem Bett zu kommen!)

Ihre Fußstellung – ein Wegweiser?

Die Stellung unserer Füße zeigt immer *die* Richtung an, in die wir unbewusst gehen wollen. Auch beim Sitzen richten wir oft die Fußspitzen zu unserem Gesprächspartner hin oder weg – je nach Sympathie oder Antipathie. Stehen Ihre Fußspitzen in die Richtung, in die Sie gehen möchten?

Es hat sich gezeigt, dass die Aufmerksamkeit anderer Menschen unbewusst der von den Füßen angezeigten Richtung folgt. Weisen Ihre Füße also nach innen oder außen, statt nach vorne, lenken Sie Ihr Gegenüber von Ihrer Richtung ab. Was Sie wollen, wird unklar, Ihre Ausstrahlung schwach.

Was ein nach außen gerichteter Gang vermitteln kann

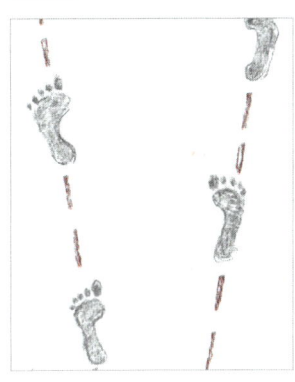

Der nach außen gerichtete Gang ist mit Sicherheit die häufigste Variante. Die Füße zeigen in eine Richtung, die Sie beim Gehen nicht einhalten könnten. Würden Sie tatsächlich in *die* Richtung laufen, die Ihre Füße anzeigen, würde dies schon nach wenigen Schritten im Spagat enden. Die Gehrichtung weicht also stark von der tatsächlichen Ausrichtung Ihrer Füße ab.

Eine solche Gangform signalisiert dem Gegenüber ein gewisses Zögern, ein Sich-zurück-Halten auf dem Weg nach vorne.

Worauf der „Sichelgang" hinweist

Der weniger häufige „Sichelgang", bei dem die Fußspitzen nach innen zeigen, drückt ebenfalls eine unbewusste Blockadehaltung aus. Diesmal aber nicht vorrangig anderen, sondern in erster Linie sich selbst gegenüber. Die nach innen gerichteten Füße beschränken Sie, machen ein Aus-sich-heraus-Gehen und ein Zugehen auf andere Menschen fast unmöglich.

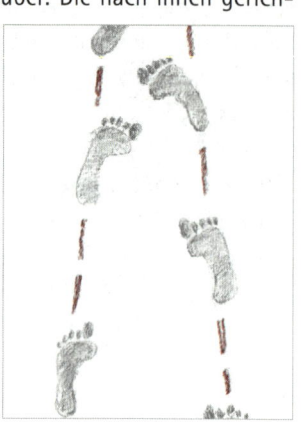

Eine solche Haltung zeigt, dass man tendenziell ein eher nach innen gekehrter Mensch ist, der sich nur schwer nach außen öffnet und sich im Austausch mit anderen oft unsicher fühlt.

Test: Wohin die Füße zeigen

Gehen Sie einmal ein Stück weit in den drei genannten Varianten. Jeweils ein bis zwei Minuten lang mit nach außen, nach vorne und nach innen gerichteten Füßen.

- Nach außen gerichteter Gang: Spüren Sie die Zurückhaltung und zunehmende Blockierung Ihres Nach-vorne-Strebens durch Ihren nach außen gerichteten Gang?

- Nach innen gerichteter Gang: Merken Sie, wie schwierig es ist, mit dieser Gangart nach vorne zu kommen oder sich körperlich zu artikulieren? Spüren Sie die Einschränkungen, die Sie sich mit dieser Haltung unbewusst auferlegen?

Achten Sie auf die Dynamik Ihres Gangs

Welche Gangart bevorzugen Sie? Gehen Sie eher wippend, locker, entspannt und ruhig, oder eher steif, zackig, forsch und schnell durch Ihren Tag?

Hektik und Stress im Berufsalltag

Im geschäftlichen Alltag ist es üblich, schnell zu sein. Sonst, so meinen wir, ließe sich das Arbeitspensum nicht bewältigen. Die Anstrengung, die wir dabei aufbringen, wird uns nur noch im Zustand größter Erschöpfung bewusst. Die Wahrnehmung für uns selbst und andere geht dabei aber mehr und mehr verloren. Wir nehmen die Wirklichkeit nur noch bruchstückhaft wahr. Unsere hektische, getriebene Gangart mit meist unkoordinierten oder steifen Bewegungsabläufen fällt uns nicht mehr auf – wohl aber unserem Umfeld.

Was sagt unsere Art zugehen über uns aus?

Direkte Entsprechungen zwischen Gangdynamik und aktueller innerer Befindlichkeit kennen Sie sicherlich von sich selbst: Wenn Ihnen das Leben gerade sinnlos und voller Probleme erscheint, werden Sie kaum mit ausholenden Bewegungen und kräftigem Schritt durch die Welt spazieren. Unser Gang drückt unsere momentane Befindlichkeit sehr direkt aus. Doch es gibt darüber hinaus individuelle Merkmale, die uns in den Augen anderer charakterisieren – Merkmale, die unsere Ausstrahlung definieren:

- Menschen mit einem wippenden Gang fehlt der Bodenkontakt. Sie strahlen wenig Realitätssinn aus und wirken nicht selten flatterhaft.

- Umgekehrt führt ein schleppender Gang dazu, allzu sehr dem Boden verhaftet zu sein. Solche Menschen machen auf uns den Eindruck, als sei alles eine Qual. Sie kommen schwer voran und wirken auf andere nur wie Bremser.

- Gerade im beruflichen Umfeld kann man häufig Menschen mit getriebenem Gang begegnen. Viele Menschen, die sich einen solchen Gang angewöhnt haben, denken, sie würden auf diese Weise ihr besonderes Engagement deutlich machen. Andere werden allerdings wenig Vertrauen in sie entwickeln. Ein solcher Gang lässt vermuten, dass der andere immer schon „woanders" ist, dass er nie konzentriert und präsent bei seiner aktuellen Aufgabe bleiben kann.

Natürlich–zentriert gehen

… das ist das Ziel – egal, ob wir es gerade eilig haben oder nicht, ob wir uns gut fühlen oder ob wir Sorgen haben. Vielleicht haben Sie die Arten zu gehen, die wir soeben beschrieben haben, im Geist vor sich gesehen und bereits die entscheidende Gemeinsamkeit entdeckt: Ob getrieben, hektisch, wippend oder schleppend – Menschen mit diesen Gangmustern fehlt die Gegenwärtigkeit für den Moment.

Auch wenn Sie nun noch so darauf achten würden, die Füße nach vorne zu richten, den Rücken aufrecht und die Arme locker zu halten, den Kopf nach oben auszurichten und so weiter – sie würden nichts gewinnen. Sie hätten Hunderte neuer Regeln im Kopf und wären ständig damit beschäftigt, sich zu fragen, ob Sie denn nun die „richtige" Haltung hätten oder nicht. Dass Sie dies nur noch mehr blockieren würde, liegt auf der Hand.

Test: Inneres Gleichgewicht beim Gehen

Bevor wir zu den Übungen zum Gang kommen, können Sie mit den folgenden Tests prüfen, wie es wirklich um Ihr inneres Gleichgewicht bestellt ist.

Bleiben Sie stehen, schließen Sie die Augen und gehen Sie in kleinen Schritten geradeaus. Der Grad Ihrer Unsicherheit oder Wackeligkeit Ihrer Beine, das Maß der von Ihnen in diesem Moment empfundenen Orientierungslosigkeit oder sprunghaft gestiegenen Muskelspannung im Körper sind direkter Ausdruck des Status quo Ihres inneren Gleichgewichts.

> Wir haben es uns soeben vor Augen geführt: Der Gang zeigt Mitmenschen am deutlichsten, ob Sie innerlich überwiegend im Gleichgewicht sind oder nicht.

Verurteilen Sie sich nicht, wenn Sie feststellen, dass Sie im Moment etwas wacklig oder steif auf den Beinen stehen. Wiederholen Sie diesen Test in ein paar Wochen wieder, nachdem Sie sich dies regelmäßig vergegenwärtigt haben. Sie werden sehen, Ihr Stand wird immer kraftvoller.

Test: Innerer Halt

Hier noch ein anderer Test, mit dem Sie sich selbst besser einschätzen lernen.

Gehen Sie ein paar Schritte und bleiben Sie nach jedem Schritt mit dem gesamten Gewicht Ihres Körpers auf dem jeweils belasteten Fuß stehen. Ihr Gewicht ruht damit abwechselnd auf der rechten oder linken Fußsohle. Der andere Fuß berührt den Boden nicht. Wiederholen Sie diese Sequenz später mit geschlossenen Augen.

Möglicherweise werden Sie wie die meisten unserer Klienten wahrnehmen, dass Ihnen die Übung mit offenen Augen relativ leicht fällt. In dem Moment aber, wo Sie die Bewegungssequenz mit geschlossenen Augen wiederholen, steigt der Grad Ihrer Wackeligkeit rapide an.

Was bedeutet das? Es zeigt, dass Sie, wie die meisten unserer Mitmenschen, Ihre gesamte Aufmerksamkeit auf äußere Haltepunkte richten. Solche Haltepunkte können auch Meinungen anderer Menschen, Regeln oder Normen sein. In diesem Fall haben Sie Ihren Halt nicht in sich selbst, sondern suchen ihn im Außen. Das bringt Sie auf Dauer massiv aus Ihrem Gleichgewicht. Kehren Sie deshalb immer wieder zu sich zurück und richten Sie Ihre Aufmerksamkeit bewusst nach innen!

Übungen: Soweit die Füße tragen

Mit diesen Übungen gelangen Sie zu einem natürlichen, balancierten Gehverhalten – selbst in hektischen Momenten.

Übung: Bodenkontakt

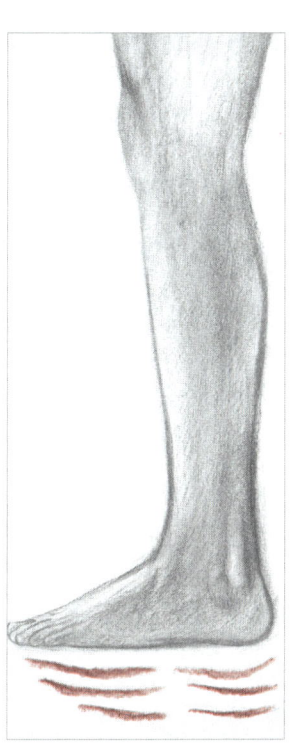

1 Machen Sie vorab die bereits bekannte Übung zum inneren Rhythmus im Stehen (siehe Kapitel "Stehen Sie fest auf dem Boden"), bis Ihr Herzschlag in den Fußsohlen spürbar wird (siehe Abbildung).

2 Setzen Sie nun, mit Ihrem Herzschlag fühlend in Kontakt, einen Fuß vor den anderen. Verlagern Sie dabei das Gewicht Ihres ganzen Körpers auf die jeweilige Fußsohle. Sie werden spüren, dass der Boden unter Ihren Füßen ganz anders wahrnehmbar wird.

3 Sollte Ihr Herzschlag jetzt nicht mehr bewusst wahrnehmbar sein, halten Sie inne. Führen Sie erneut die Übung zum inneren Rhythmus durch und beginnen Sie noch einmal mit Abschnitt 2.

Mit dieser Übung wird Ihr Gang mehr und mehr an Kraft gewinnen.

Übung: Gleichgewicht

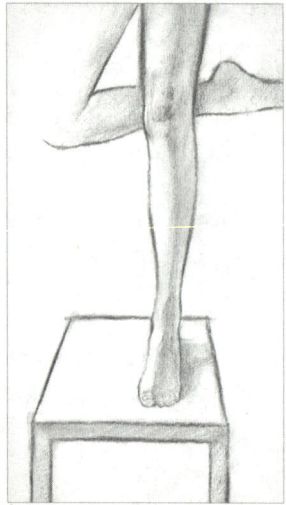

1   Stellen Sie sich auf einen Stuhl oder Hocker. Verlagern Sie Ihr Körpergewicht abwechselnd von einem auf das andere Bein. Halten Sie die Augen geöffnet und schauen Sie geradeaus.

2   Sie werden merken, dass durch die Entfernung vom Boden ähnliche Unsicherheiten auftreten, wie beim Gehen mit geschlossenen Augen.

> Machen Sie diese Übung nicht mechanisch. Zwingen Sie sich nicht. Erinnern Sie sich: Sie können Ihren Körper nicht durch Willenskraft in ein natürliches Gleichgewicht bringen.

Lassen Sie Ihren Körper sprechen

Begegnungen leben von der Kommunikation: Doch mit geschliffener Rhetorik allein ist es nicht getan. Was wir mit Gestik, Mimik und Stimme vermitteln, entscheidet mehr darüber, ob wir bei anderen so ankommen, wie wir es wünschen.

In diesem Kapitel erfahren Sie,

- wie der Atem Ihr Sprechen beeinflusst,
- wie Ihre Stimme natürlich wird,
- wie sich Ihre Mimik entspannen kann und
- wie Ihre Gestik automatisch stimmig wird.

Das Atmen – Basis Ihres Wohlbefindens

Der Atem – Quell des Lebens: Alle Zellen des Organismus sind auf die ständige Zufuhr von Sauerstoff und den kontinuierlichen Abtransport von verbrauchtem Sauerstoff, also von Kohlendioxid, angewiesen. Lange Zeit haben westliche Kulturen die Bedeutung des zentralen Lebensrhythmus' Atmung für unsere Gesundheit vernachlässigt. Mit zunehmendem Leistungsdenken und immer größeren Stresspotenzialen, denen wir heute in Beruf und Alltag ausgesetzt sind, wurde die Wichtigkeit einer natürlichen Atmung für unser körperliches, geistiges und seelisches Wohl wieder entdeckt.

Dass die Atmung unseres Körpers, und davon abhängig unsere Sprechweise und unsere Stimme, auch ein körpersprachlicher Ausdruck unserer Befindlichkeit ist, wird klar, wenn wir uns einige typische Angewohnheiten vor Augen führen: Kurzatmigkeit, geräuschvolles Luftholen, abgehacktes Sprechen oder eine gepresste, quietschende Stimme. Solche Merkmale begegnen uns häufig bei nervösen Menschen. Inwieweit unser Atem frei durch unseren Körper fließen kann, beeinflusst ganz wesentlich unseren stimmlichen und körpersprachlichen Ausdruck und damit unsere Ausstrahlung.

Atmen unter Stress

Bei längeren Phasen der Überforderung und ständiger Anspannung verändert sich eine natürliche Atmung dauerhaft. Sie wird zum Beispiel unruhig, flach oder gepresst.

Doch: In wem der Atem eingeschränkt zirkuliert, lebt unbewusst reduzierter und mit geringerer Kraft. Wir haben uns an die Begleiterscheinungen eines eingeschränkten Atems gewöhnt. Die Verluste daraus fallen uns nicht mehr auf.

> Die Stressatmung, die zunächst natürlicher Ausdruck momentaner Anspannung ist, wird über längere Zeit hinweg selbst zum Nährboden von Überforderung und seelischem Leid.

Eine natürlich-rhythmische, entspannte Atmung bringt Ihnen neue Energie – beste Voraussetzung für eine positive Ausstrahlung. Bei gesunder Atmung gelangt bis zu 40 % mehr Sauerstoff in unseren Körper als bei flacher Atmung oder Kurzatmigkeit. Ein geradezu unvorstellbarer Unterschied! Denn nicht nur unser Gehirn, alle Organe, unser gesamter Körper werden dadurch besser versorgt. Wenn *„es atmet"*, spielen alle Atemmuskeln natürlich zusammen. Alles entspannt sich! Dies ist, was sich mithilfe der Übungen in diesem Kapitel mehr und mehr einstellen kann.

Atemarten und gesundes Atmen

Sicher haben Sie schon von verschiedenen Atemarten gehört: Bauch- oder Zwerchfellatmung, Flanken- oder Brustatmung, Hochatmung und andere mehr. Um es gleich vorauszuschicken, wir wollen uns an der Diskussion über richtig oder falsch nicht beteiligen. Allgemein akzeptiert ist jedoch, dass die Hochatmung, das heißt die Atmung, bei der sich die Schultern heben und senken, gesundheitsschädlich ist. Optimal wäre, wenn Ihr Atem frei in Bauch und Flanken fließen kann (Flanke meint hier den unteren, seitlichen Teil des Oberkörpers).

Der Atem steuert Ihr Wohlbefinden

Wichtig ist uns vor allem, dass Sie sich Ihres Atems bewusst werden. Es sollte spürbar sein, wenn Ihr Atem zu flach, zu hektisch oder unregelmäßig ist, damit sich wieder eine gesunde Atmung in Ihnen einstellen kann. Eine entspannte Atmung verhilft Ihnen unmittelbar zu mehr Ausgeglichenheit und höherer Stresstoleranz – zu nichts anderem also, als zu mehr natürlicher Souveränität und innerer Kraft. Die Atemübungen betrachten wir deshalb als ein essenzielles Element zum Aufbau einer natürlich-positiven Ausstrahlung.

Freies Atmen und Energie gewinnen

Kurzatmigkeit ist ein weit verbreitetes Phänomen. Sicher kennen Sie Menschen, die während des Sprechens immer wieder hektisch Luft ziehen und unausgeglichen und nervös wirken. Wie bei Flachatmern erreicht ihr Atem nur den zweiten oder dritten Brustwirbel. Es gelangt insgesamt zu wenig Sauerstoff in die Lunge, erhebliche Teile des Körpers bleiben unterversorgt. Flachatmer verlieren stark an innerer Kraft, ihre Erscheinung wirkt zurückgenommen, ihr Ausdruck nicht mehr klar.

Nun, werden Sie jetzt vielleicht denken, dann atme ich in Zukunft eben einfach tiefer ein. Ganz so einfach geht es leider nicht. Unsere Erfahrungen zeigen, dass Menschen mit gestresstem Atemverhalten bei der Aufforderung, tiefer zu atmen, nur mechanisch den Bauch nach außen strecken. Sie haben zwar subjektiv den Eindruck, tiefer zu atmen, doch kann Ihr Atem den gesamten möglichen Atemraum niemals erfüllen.

Aktivieren Sie den natürlichen Atemreflex

Wenn wir die natürlichen Atemräume des Körpers künstlich verkleinern, entsteht ein erhöhter Druck in ihnen. So wird ein natürlicher Atemreflex gleichzeitig in mehreren Atemräumen ausgelöst. Dadurch strömt Ihr Atem nicht nur in den oberen Lungen- und Bauchraum, sondern auch in den Bereich der Flanken. Sie erreichen einen tieferen Atem also keineswegs durch bewusst gesteuertes Tieferführen, sondern ganz einfach durch eine vorübergehende künstliche Verkleinerung der Atemräume Ihres Unterkörpers.

> Wenn Ihr Atem in alle Atemräume strömen kann, bekommen Sie in jeder Lebenslage „genügend Luft". Ihr Gang und Stand wird unterstützt, Ihre Erscheinung gewinnt an innerer Stabilität und Kraft.

Übung: „Abfahrtshocke"

Kennen Sie die Abfahrtshocke aus der Skigymnastik? Bei dieser Übung stehen Sie in einer gebückten Haltung. Ihre Knie sind tief gebeugt. Ihre Unterarme liegen auf den Oberschenkeln. Sie wippen in dieser Haltung langsam auf und ab. Diese Grundstellung bildet die Ausgangshaltung für die folgende Atemübung, durch die sich bisher ungenutzte Atemräume aktivieren können.

Bitte beachten Sie: Wenn Sie starke Rückenbeschwerden oder
Bandscheibenprobleme haben, sollten Sie diese Übung vorab
mit Ihrem Orthopäden besprechen. Sie können diese Übung
auch im Sitzen durchführen: Beugen Sie den Oberkörper nur
soweit nach vorne, wie Sie schmerzfrei sind.

1   Am einfachsten gelangen
    Sie aus einer sitzenden
    Position in die Abfahrts-
    hocke. Setzen Sie sich
    dazu auf die äußerste
    Stuhlkante (es sollte nach
    Möglichkeit ein fester
    Stuhl sein, kein Schreib-
    tischstuhl oder gar ein
    Sessel). Beugen Sie nun Ihren Oberkörper nach vorne.
    Möglichst bis Ihr Rumpf fast auf Ihren Oberschenkeln liegt.
    Die Hände ruhen locker auf den Knien. Stützen Sie Ihren
    Oberkörper auf keinen Fall mit den Unterarmen ab. Geben
    Sie sich nun einen kleinen Schubs nach vorne, und schon
    stehen Sie in der Abfahrtshocke.

2   Schließen Sie die Augen und richten Sie Ihre Aufmerk-
    samkeit auf Ihre Atmung. Legen Sie nun Ihre Hände an
    Ihre Flanken (in den weichen Bereich zwischen Becken
    und letzter Rippe). Ihre Finger sollten dabei in Richtung
    Boden zeigen, Ihre Handgelenke unterhalb der letzten
    Rippe aufliegen, Ihr Atem natürlich-ruhig fließen und
    Ihre Fußsohlen den Boden berühren.

3   Atmen Sie nun langsam *mechanisch* ein und aus. Schon nach kurzer Zeit werden sich Ihre Handflächen heben und senken – Sie atmen gesteuert in die Flanken.

Effekt: Indem Sie Ihren Oberkörper nach vorne beugen, verengen Sie den Bauchbereich zwischen Becken und unterster Rippe. Stellen Sie sich vor, in diesen Bereichen rechts und links wäre je ein Luftballon. Dann würden Sie diese Luftballone – vor allem auf der Vorderseite Ihres Körpers zwischen Bauch und Oberschenkel – eindrücken. Diese würden sich dann nach hinten, also in Richtung Rücken, ausdehnen. Durch diese Haltung strömt Sauerstoff in den Flankenbereich, der sich dadurch aktiviert.

4   Stellen Sie sich nun vor, Ihre Atmung würde in die Mittelpunkte der Handflächen fließen. Richten Sie sich langsam auf, wenn ein leichtes Pulsieren spürbar wird. Gelangen Sie in eine stehende Haltung. Bleiben Sie noch eine Zeit mit Ihrer Atmung in Kontakt.

Diese Übung trägt wesentlich dazu bei, den Bereich zwischen unterster Rippe und Becken wieder zu aktivieren und den spontanen Atemreflex in dieser Region zu stimulieren. Ist dieser Bereich des Körpers offen, ohne eingeknickt zu sein, werden Sie vor allem im Sitzen leichter eine zentrierte Haltung einnehmen. Mit der Zeit wird sich Ihre Atmung vertiefen und Ihre Ausstrahlung unmittelbar davon profitieren!

Entdecken Sie Ihre echte Stimme

Atmen und Sprechen sind eng miteinander verknüpft. Sind unsere Atemräume weit und beweglich, wird auch unsere Stimme kraftvoll sein. Eine natürliche Atmung führt dazu, dass unsere Stimme ihre natürliche „Lage" findet (siehe unten), eine unnatürliche Atmung zu Schwierigkeiten: Wir sprechen zu schnell oder zu hoch, zu schleppend oder kurzatmig, müssen mitten im Satz Luft holen oder räuspern, artikulieren undeutlich und nuscheln. So gesehen, haben Sie mit dem letzten Kapitel zur Atmung bereits eine Grundlage zur Verbesserung Ihrer Stimme gelegt.

Die Bedeutung des Zwerchfells

Das Zwerchfell ist ein Muskel, der Brust- und Bauchraum miteinander verbindet. Er ist *der* entscheidende Atemmuskel, der auch für unsere Stimme von höchster Bedeutung ist. Mit seiner Hilfe können wir unsere Stimme in ihrem Ausdruck mühelos variieren. Wir können sie laut oder leise, kraftvoll, voluminös, melodiös oder zaghaft klingen lassen.

Leider verkümmert das Zwerchfell bei den meisten Menschen: Unnatürliches Atmen, wie zum Beispiel eine dauerhaft flache Atmung oder die oben erwähnte Hochatmung, schwächen das Zwerchfell. Die Übung zur Unterbauchaktivierung, die wir Ihnen vorgestellt haben, stärkt es.

In diesem Kapitel stellen wir Ihnen weitere Übungen zum Training des Zwerchfells vor, die spezifisch auf die Verbesserung der Stimme und der Artikulation ausgerichtet sind. Eine voluminös und wohlklingende Stimme, auch in aufgeregtem

Zustand, müheloses Sprechen ohne Räuspern und dazu eine klare und deutliche Aussprache verleihen Ihnen Präsenz und lassen Ihr Auftreten natürlich-kraftvoll und sympathisch sein.

Test: Was aktiviert das Zwerchfell?

Stellen Sie sich zentriert hin und „spucken" Sie ein paar Mal hintereinander Luft in eine Hand. Sie werden fühlen, dass dabei zwischen Bauch- und Brusthöhle etwas zuckt: Ihr Zwerchfell! Sie spüren es auch bei Lauten wie „th" oder „hh". Wenn Sie die andere Hand unter die Brustbeinspitze legen, wird es noch deutlicher. Das Zwerchfell steuert den Luftstrom für die Artikulation beim Sprechen. Wenn Sie einmal versuchen, ohne Punkt und Komma zu sprechen, bis Ihnen die Luft ausgeht, wird sofort fühlbar, wie sich das Zwerchfell mehr und mehr zusammenzieht, um auch noch die letzten Luftreserven aus Ihrem Körper herauszusaugen.

Fließend sprechen

Manche Menschen sprechen sehr abgehackt und halten zwischen einzelnen Worten die Luft an. Eine solche Sprechweise wirkt gehemmt. Das Geheimnis einer natürlichen Sprechweise beruht auf einem immer fortlaufenden, in sich konsistenten Atemstrom.

Ihre Worte werden von diesem Strom getragen. Dabei können Sie den Luftstrom durchaus in bestimmte Phrasen einteilen. Jedoch sollten Sie den Fluss nicht unterbrechen, sondern nur kurz innehalten. Der Unterschied liegt in der Anstrengung, die es dabei braucht: Luftanhalten ist das mechanische Zurückhalten des Atems mit Hilfe des Zwerchfells, Innehalten dagegen ein sanftes Luftholen, ohne die Führung des Atembogens abzureißen.

Achten Sie auf Ihr Zwerchfell

Je professioneller und entspannter Sie sprechen möchten, desto mehr Aufmerksamkeit fordert Ihr Zwerchfell. Sobald es überanstrengt ist, rutscht Ihre Stimme in Richtung Kehlkopf. Der Ihre Stimme tragende Luftstrom wird dann zu kurz, weniger Atemvolumen steht zur Verfügung, ein über längere Zeit entspanntes Sprechen ist nicht mehr möglich. Prüfen Sie daher immer wieder, ob Ihr Atem in den unteren Bauchraum und die Flanken strömt.

Übungen: Das Zwerchfell aktivieren

Mit den folgenden Übungen entwickelt sich Ihre Wahrnehmung für die Grenzen Ihres Atemvolumens. Sie trainieren das Zwerchfell, das die Artikulation und Modulation Ihrer Stimme steuert.

Übung: In die Flamme atmen

1 Stellen Sie eine Kerze so vor sich auf den Tisch, dass Ihr unwillkürlicher Atem in Richtung der Flamme strömt.

2 Beschleunigen und verzögern Sie Ihren Luftstrom nun mechanisch

drei-, viermal. Schauen Sie, wie das Zwerchfell dabei Ihren Atem steuert.

3 Versuchen Sie nun, nicht mehr die Geschwindigkeit, sondern das Atemvolumen zu ändern. Öffnen Sie den Mund, als würden Sie gähnen und atmen Sie aus. Beobachten *nun* Sie die Bewegung der Flamme.

Übung: Hecheln wie ein Hund

1 Beginnen Sie, wie ein Hund zu hecheln. Atmen Sie dabei zunächst nur im Rhythmus von einer Sekunde ein und aus. In diesem Tempo wird sich Ihr Bauch nach außen wölben (Einatmung) und einziehen (Ausatmung).

2 Beschleunigen Sie nun den Rhythmus. Sie werden merken, dass Sie langsam ins Stocken geraten. Dann ist Ihr Zwerchfell nicht mehr ausreichend durchblutet.

Übung: Atembögen ändern

Sprechen Sie noch einmal ohne Punkt und Komma und beobachten Sie sich in folgenden Varianten:

1 Atmen Sie vor dem Sprechen abwechselnd tiefer ein, dann weniger tief.

2 Atmen Sie, bevor Sie sprechen, in Gähnstellung ein.

3 Versuchen Sie die Luft möglichst lange zurückzuhalten und sprechen Sie erst, wenn Sie den Atem nicht mehr halten können.

4 Unterbrechen Sie den Luftstrom beim Ausatmen (ohne zu sprechen) sanft und gezielt. Zunächst etwa bei der Hälfte

des aktuell maximalen Atembogens, später zweimal, dann dreimal, dann viermal. Sprechen Sie jetzt noch einmal ohne Punkt und Komma.

5 Sprechen Sie nun während eines Atembogens plötzlich schneller. Es wird deutlich fühlbar werden, wie rasch sich dabei Ihr Luftvorrat erschöpft.

Mit Hilfe dieser Atemübung lernen Sie vor allem die individuellen Modulationsmöglichkeiten Ihrer Stimme kennen. Die beste Basis für flüssiges Reden und klares Artikulieren!

Die Stimme als Ausdruck Ihres Inneren

Gesicht und Stimme eines Menschen sind zentrale Merkmale, die andere mit ihm verbinden. Sie vermitteln in jedem Moment seine Einzigartigkeit und Befindlichkeit. Eine angenehme Stimme wirkt sympathisch, eine gepresste oder sich überschlagende Stimme empfinden wir als unangenehm. Solche Klänge können unser Vergnügen an einem Gespräch sehr stören. Dabei gibt es keine ideale Tonhöhe, die automatisch für Wohlgefallen sorgt. Vielmehr muss jeder Mensch „seinen Grundton" finden. Dabei steht jedem ein großer, individueller Tonumfang zur Verfügung, den er nutzen kann.

Gibt es die ideale Tonhöhe?

Die jeweilige Tonhöhe Ihrer Stimme hängt von der wechselnden Spannung Ihrer Stimmbänder ab. Je angespannter wir innerlich sind, desto höher kann die Stimmlage ausfallen. Wer aufgeregt ist, spricht gerne höher. Auch die Atmung wirkt auf die Stimmlage ein: Je tiefer der Atem, desto weniger Spannung in den Stimmbändern, desto tiefer der Grundton.

> Die Spannung der Stimmbänder nimmt proportional zur Tiefe des Atems und dem Grad Ihrer inneren Entspannung ab.

Es kommt natürlich nicht darauf an, besonders tief zu sprechen – wer das absichtlich versucht, kann seiner Stimme dauerhaft schaden! Unsere Sprechstimme sollte möglichst entspannt und in ihrem individuellen Tonumfang frei schwingen können. Die folgende Übung kann Ihnen helfen, Ihre echte Stimme in Grundton und Klang zu entdecken.

Lernen Sie Ihre Stimme kennen

Den meisten Menschen ist es höchst unangenehm, die eigene Stimme zu hören. Sie klingt fremd in ihren Ohren und wird deshalb fast immer als unangenehm empfunden. Das liegt daran, dass wir von uns weg sprechen und unsere Stimme nicht direkt an unser Ohr dringt. Verstärkt wird dieser Effekt durch die Tatsache, dass der Schall unserer Stimme mit mehr oder weniger Resonanz auch im Körper direkt von den Sprech- zu den Hörorganen weitergeleitet wird. Deshalb hören wir unsere Stimme in einer anderen Klangfarbe und Tonlage als andere Menschen.

Unsere praktische Arbeit im Training hat gezeigt, dass es äußerst hilfreich ist, mit dem Klang und der Wirkung der eigenen Stimme vertraut zu werden. Sie werden sehen: Nach einiger Zeit macht das Hören Ihrer Stimme sogar Freude!

Mit Ihrer Stimme vertraut zu sein, hat viele Vorteile:

- Sie verlieren die Angst vor der Wirkung Ihrer Stimme, wenn Sie über eine Tonanlage sprechen. Das Erschrecken über ihren Klang verunsichert Sie nicht länger, Ihre Stimme wird freier, Ihr Sprechen gelöster, Sie fühlen sich selbstsicherer und natürlicher.

- Sie hören Ihre Stimme mit anderen Ohren, sozusagen objektiv von außen. Vielleicht reden Sie gepresst, vielleicht artikulieren Sie nicht deutlich, vielleicht sprechen Sie abgehackt. Sie merken selbst, worauf Sie achten können. So müssen Sie sich nichts künstlich antrainieren, sondern fühlen körperlich, was Ihnen entspricht oder nicht.

- Wer den Klang seiner Stimme kennt und mit ihm vertraut ist, weiß um die Wirkung seiner Stimme. So kann er mit den Möglichkeiten seiner Stimme spielen, anstatt verkrampft an einem Text zu kleben.

> Sprechen Sie einmal eine längere Textpassage auf Band. Lesen Sie einen Zeitungsartikel laut vor oder nehmen Sie eine Unterhaltung mit Freunden auf (falls diese damit einverstanden sind). Sie werden sehen, dass Sie sich schneller an Ihre Stimme gewöhnen als Sie denken.

Übung: Ihre echte Stimme entdecken

1 Versuchen Sie einmal, in Gähnstellung zu sprechen. Sie werden bemerken, dass Ihre Artikulation undeutlicher wird und Ihre Äußerungen zu einem „Einheitsbrei" verschmelzen. Allerdings entspannt sich dabei Ihr Zwerchfell und Ihre Stimme wird tiefer. Durch den weiteren Rachenraum schwingen Ihre Stimmbänder ruhiger.

2   Seien Sie geduldig, bis der Spannungsgrad Ihrer Stimm-
    bänder bei unterschiedlicher Artikulation und Modulation
    spürbar wird. Tasten Sie sich aus dem Zustand maximaler
    Entspannung langsam an verschiedene Spannungsniveaus
    Ihrer Stimmbänder heran. Variieren Sie damit Ausdruck
    und Tonhöhe.

3   Gleiten Sie mit der Stimme in Gähnstellung ganz langsam
    von ganz oben nach ganz unten. Jeder Mensch hat seinen
    individuellen Tonumfang. Erfahren Sie ihn spielerisch und
    fixieren Sie sich nicht auf irgendein Ideal!

Was in Ihrem Gesicht geschrieben steht

Das Gesicht wird oft als Spiegel der Seele bezeichnet. Tatsächlich ist es unser wichtigstes Kommunikationsorgan. Seine
Ausdrucksformen sind schier grenzenlos. Wissenschaftler vermuten, dass die mehr als 20 Muskeln jeder Gesichtsseite, die
für unsere Mimik zuständig sind, etwa 10.000 verschiedene
Bewegungen hervorbringen können.

Unsere Mimik zeigt – uns unbewusst – insbesondere emotionale Regungen an: Unsere Mundwinkel ziehen sich nach
oben, die Stirn runzelt sich, die Nasenflügel blähen sich, die
Lippen wölben sich, die Augenbrauen heben sich, die Augen
verdrehen sich und vieles andere mehr.

Wie Ihr Gesicht spricht

Die Mimik unseres Gesichts erzählt „die wahre Geschichte". Jeder kann sie lesen. Wir teilen einen Subtext mit, der meist unreflektiert, aber immer authentisch ist. Unsere momentane Situation, unsere Zu- oder Abneigung steht uns sozusagen ins Gesicht geschrieben. Wir senden nonverbale Botschaften, die wir meist selbst nicht einmal kennen. Woran liegt das?

Wir verständigen uns nicht nur mit Worten

Wir haben gelernt, in Worte zu fassen, was wir ausdrücken möchten, dass Worte eindeutig seien. Wir sind deshalb überzeugt, dass der Inhalt unserer Worte vollkommen ausreicht, um unsere Botschaften zu vermitteln. Diese einseitige Ausrichtung auf die verbale Ebene der Kommunikation führt dazu, dass wir unter anderem verlernen, unsere eigene Mimik wahrzunehmen. Denken Sie beispielsweise an Situationen, in denen Sie gefragt wurden: „Warum schaust Du denn so?" Im Grunde bleibt uns ein entscheidender Kanal zur Wirklichkeit verschlossen. Diesen wollen wir wieder stimulieren.

Beispiel:

 Wie ungenau Worte sind, wird uns rasch klar, wenn wir einmal von mehreren Personen die gleichen Begriffe definieren lassen. Zum Beispiel „Liebe", „Team", „Professionalität". Jeder wird andere Schwerpunkte setzen, für jeden werden andere Inhalte in diesen Worten liegen. Nur wenn wir auch die begleitende Gestik und Mimik, die Stimmhöhe und -lage, also den Subtext verstehen, erhalten wir die ganze Botschaft. Nur dann werden wir wissen, was uns der andere wirklich sagen will. Je mehr wir uns nur an Worte klammern, desto mehr Missverständnissen erliegen wir.

Deshalb ist es gut, zunächst einmal die Ihnen bis dato unbewusst gebliebenen Elemente Ihrer Botschaften wahrzunehmen. Nur das versetzt Sie in die Lage, Ihre Gesprächspartner realer einzuschätzen und zu begreifen.

Übung: Entdecken Sie Ihr Mienenspiel

Lassen Sie sich von einem guten Freund oder Ihrem Partner fotografieren, während Sie mit ihm sprechen. Diese Bilder zeigen ganz direkt, was Ihnen gerade im Gesicht geschrieben stand. Ist es das, was Sie erzählen wollten? Was sieht Ihr Gesprächspartner in Ihrem Gesicht? Was löst Ihr Gesichtsausdruck bei ihm aus? – Auf seine Antworten können Sie gespannt sein.

Wenn Sie dieses Spiel mit verschiedenen Partnern machen, werden Sie feststellen, dass ihre Eindrücke nicht in allen Details übereinstimmen. Nur wenige Grundaussagen werden gleich sein. Je stimmiger Körpersprache und verbale Botschaften sind, desto geringer die subjektive Auffassungsvielfalt. Wichtig ist, dass sich in Ihnen eine klare Wahrnehmung für Ihre Mimik entwickelt, und die darüber gesendeten Signale für Sie erkennbar werden. Die weiteren Übungen, die wir am Ende dieses Kapitels für Sie zusammengestellt haben, unterstützen den Aufbau Ihrer Wahrnehmung dahingehend.

Was die Mimik verrät

Unsere Mimik erzählt wie ein fortlaufender Stummfilm, was tatsächlich in jedem Moment in unserem Inneren geschieht. Ungeschminkt und absolut ehrlich wird für unsere Zuschauer unsere Innenwelt erfahrbar. Lassen Sie uns anhand von ausgewählten Beispielen diesen Zusammenhang illustrieren. Sie zeigen eine kleine Auswahl möglicher Bedeutungen, sind aber niemals nur als die allein gültigen anzusehen.

Stirnrunzeln

Zweifel oder Angst können sich durch eine nach oben gezogene, gerunzelte Stirn ausdrücken. Wenn Sie ein notorischer Hinterfrager sind, wird sich diese Gesichtspose häufig unbewusst einstellen. Nichts können Sie einfach so glauben, niemandem so einfach vertrauen. Ihre Gesprächspartner nehmen dies bewusst oder unbewusst wahr und werden sich dementsprechend distanziert verhalten. Dass solche „Vorschussunterstellungen" nicht mit Offenheit beantwortet werden, dürfte klar sein.

Stirnfalten

Unsere Stirn zieht sich aus den verschiedensten Gründen in Falten: wenn wir nachdenken, wenn wir uns besonders konzentrieren, wenn wir staunen und vieles andere mehr. Wenn wir innere Zustände des Zweifelns oder Misstrauens besonders oft auf unserem Gesicht tragen, graben sie sich als Falten ein. So haben Menschen, die viel nachdenken und entscheidungsschwach sind, wenig tiefe Falten auf der Stirn.

Die Stirn besonders feinfühlender, sensibler Menschen hingegen ist meist mit mehreren feinen Falten versehen. Diese Menschen fühlen sich meistens schnell angegriffen oder in Frage gestellt.

Zusammengezogene Augenbrauen

Menschen, die auf Ideen fixiert sind, tragen häufig eine oder zwei tiefe Falten zwischen Nasenwurzel und Augenbrauen. Sie beharren auf einer „fixen Idee" und schränken dadurch unbewusst ihre Wahrnehmung ein, die sich ganz auf das Objekt ihrer Begierde konzentriert. Nicht selten findet man bei diesen Menschen einen starren Blick.

Übungen: Natürliche Mimik

So entspannt sich Ihr Gesicht

Schulter-Nacken-Verspannungen fallen uns in der Regel auf, Verspannungen der Gesichtsmuskulatur hingegen selten. Kaum jemand hat hierfür ein Bewusstsein. Dabei trägt ein entspanntes Gesicht viel zu unserer Ausstrahlung und unserem Wohlbefinden bei. Es unterstützt einen weiten Wahrnehmungsfokus, einen „weichen", offenen Blick. Damit stehen wir „natürlich über den Dingen", ohne uns zu Distanziertheit zu zwingen.

> Ein entspanntes Gesicht strahlt nicht nur natürliche Souveränität aus, es erlaubt Ihnen auch eine offenere Wahrnehmung.

Achten Sie immer auf die Spannung in Ihrem Gesicht. Die folgenden Übungen werden Sie dabei unterstützen. Durch sie wird sich:

- Ihre Gesichtsmuskulatur entspannen,
- mehr Wahrnehmung für Ihr Mienenspiel entwickeln und
- eine natürliche, authentische Mimik aufbauen.

Übung: Lächeln von innen

1   Stellen Sie sich vor einen Spiegel. Üben Sie, Ihre Mund-
    winkel langsam anzuheben, ohne dabei den Hals zu ver-
    krampfen und den natürlichen Atemfluss zu unterbre-
    chen.

2   Legen Sie Ihre Lippen locker aufeinander. Fühlen Sie den
    Ihren Körper durchströmenden Atem.

3   Bewegen Sie nun die Mundwinkel im Zeitlupentempo
    nach oben. Ihr Atem fließt ohne Unterbrechung weiter.
    Die Muskulatur auf Höhe Ihrer Jochbeine wird sich ak-
    tivieren.

4   Lächeln Sie mit geschlos-
    senen Augen. Fühlen Sie,
    wie innere Wärme auf-
    steigt und Ihr Gesicht ei-
    nen strahlenden Aus-
    druck annimmt. „Halten"
    Sie dieses Lächeln drei
    Sekunden.

Übung: Unterkiefer fallen lassen

1   Fühlen Sie die Spannung der Muskulatur im Unterkiefer.
    Ertasten Sie dazu die Muskeln unterhalb Ihrer Kieferge-
    lenke. Spüren Sie deren Spannung auf beiden Seiten mit
    Zeige-, Mittel- und Ringfingern. Prüfen Sie, ob es Unter-
    schiede gibt.

2 Halten Sie die Augen geschlossen. Lassen Sie in zentrierter Sitzhaltung oder balanciertem Stand Ihren Unterkiefer mit seinem Eigengewicht nach unten fallen. Fühlen Sie, wie Ihr Unterkiefer scheinbar schwerer wird, je länger Sie ihn hängen lassen.

3 Genießen Sie die zunehmende Entspannung Ihrer Gesichtsmuskulatur. Ihr Atem fließt dabei ruhig weiter.

4 Heben Sie Ihren Unterkiefer nun ganz langsam an. Achten Sie darauf, dass Sie dies mit minimalem Aufwand an Muskeleinsatz tun. Sie werden sehen, dass Sie Ihren Unterkiefer nicht ganz nach oben bewegen müssen, um Ihre Lippen zu schließen.

Übung: Natürlich entspannte Gesichtszüge

Eine entspannte Hals- und Unterkiefermuskulatur ist die Basis für einen entspannten Gesichtsausdruck.

1 Richten Sie Ihre Aufmerksamkeit auf Hals- und Unterkiefermuskulatur.

2 Spannen Sie ganz bewusst Ihre vordere Halsmuskulatur an. Fühlen Sie, wie sich die Spannung bis zum Haaransatz fortsetzt. Lassen Sie dann wieder los. Wiederholen Sie diese Übung dreimal.

Übung: Rund um die Lippe

Die fünf folgenden Schritte können sie auch unabhängig voneinander üben.

1   Legen Sie die Fingerkuppen der Zeigefinger an die Mund-
    winkel unterhalb der Unterlippe. Fühlen Sie die Muskeln
    an dieser Stelle. Legen Sie Ihre Lippen locker aufeinander.
    Spannen Sie nun die Muskeln, auf denen Ihre Fingerkup-
    pen aufliegen, langsam an. Sie werden feststellen, dass
    Ihre Zeigefinger eine leichte Drehbewegung nach außen
    beschreiben und sich die Haut zwischen Unterlippe und
    Kinn anspannt. Halten Sie die Spannung drei Sekunden.
    Wiederholen Sie die Übung nach fünf Sekunden Pause.
    Achten Sie in zentrierter Haltung auf den Fluss Ihres
    Atems.

2   Rutschen Sie mit Ihren Fingerkuppen senkrecht nach un-
    ten zu Ihrem Kinn. Fühlen Sie die Muskeln und spannen
    Sie sie langsam an. Sie werden fühlen, dass sich die Haut
    zwischen Unterlippe und Kinn – stärker als bei Schritt 1 –
    spannt. Ihre Mundwinkel werden sich dabei leicht nach
    oben bewegen. Wiederholen Sie dies dreimal mit jeweils
    fünf Sekunden Pause.

3   Legen Sie nun die Finger-
    kuppe Ihres rechten Zeige-
    fingers leicht unter die
    Mitte Ihrer Unterlippe.
    Spannen Sie den darunter-
    liegenden Muskel leicht an.
    Aktivieren Sie ihn drei Se-
    kunden. Wiederholen Sie
    dies dreimal mit jeweils
    fünf Sekunden Pause.

4   Legen Sie nun die Fingerkuppen Ihrer Zeigefinger neben Ihre Mundwinkel. Spannen Sie die Muskeln in diesem Bereich an. Halten Sie sie drei Sekunden lang gespannt. Wiederholen Sie diesen Schritt dreimal mit jeweils fünf Sekunden Pause. Achten Sie dabei auf die Muskeln um Ihren Kehlkopf. Entspannen Sie sie bewusst, falls Sie eine gleichzeitige Anspannung im Kehlkopf oder oberhalb des Kehlkopfs wahrnehmen.

5   Legen Sie die Fingerkuppen Ihrer Zeigefinger in die Mulden neben Ihren Nasenflügeln. Erhöhen Sie fast unmerklich die Spannung der Muskeln dort. Ihre Fingerkuppen werden sich anheben. Führen Sie diese Übung in Zeitlupe durch. Halten Sie die Spannung drei Sekunden, bevor Sie wieder loslassen. Wiederholen Sie auch diesen Schritt dreimal.

Führen Sie die gleiche Übung ohne Berührung durch. Fühlen Sie, wie sie diese Muskeln bei einem charmanten Lächeln unterstützen? Ihre Augen werden strahlen!

Übung: Durch die Haut ausatmen

Stellen Sie sich vor, jeder Ausatem würde durch Ihr Gesicht fließen, durch jede Pore Ihres Gesichts austreten. Beobachten Sie Ihr Gesicht im Spiegel. Sie können jeden Gesichtsausdruck mühelos „halten", wenn Sie auf diese Weise „in ihn hineinatmen". Eine sehr effektive Übung aktiver Gesichtsentspannung.

Übung: Schau mir in die Augen, Kleines!

1   Schauen Sie in einen Spiegel und betrachten Sie sich. Schauen Sie sich in die Augen. Fühlen Sie Spannung in Ihren Augen? Sind Ihre Augen nur müde oder chronisch angestrengt? Wenn Sie die Augen schließen, wird die Spannung Ihrer hinteren Augenmuskeln fühlbar. Halten Sie Ihre Augen so lange geschlossen, bis die Spannung etwas abnimmt. Vielleicht hilft es Ihnen, wenn Sie diese Sequenz zu Beginn in einem dunklen Raum durchführen.

2   Versuchen Sie sich nun aus einiger Entfernung zu betrachten. Sie erweitern dadurch Ihren Betrachtungswinkel, es treten mehr Informationen in Ihr Wachbewusstsein. Schließen Sie nun wie in Schritt 1 wieder Ihre Augen.

3   Öffnen Sie nach einiger Zeit langsam Ihre Augen. Betrachten Sie sich entspannt: Lassen Sie Ihr Gesicht als Ganzes auf sich wirken, bevor Sie sich die Einzelheiten und Details dieses Wunderwerks genauer ansehen. Lassen Sie sich überraschen: Je vertrauter Ihnen Ihr Spiegelbild wird, je liebevoller Sie in Ihrem Gesicht lesen, desto besser werden Sie sich fühlen, und Körpersprache und Gesichtsausdruck den Botschaften immer näher kommen, die Sie verbal vermitteln.

Ihr gestisches Spiel

„Es ist schwieriger, vorhandene Gefühle zu verbergen,
als nicht vorhandene vorzutäuschen."

La Rochefoucauld

Wir wissen nicht genau warum, spüren aber doch, dass unser Gesprächspartner etwas anderes sagt, als er meint. Woher kommen solche Eindrücke? – In der Regel entstehen sie dann, wenn Körpersprache und Sprache in sich nicht stimmig sind.

Beispiel:

 Stellen Sie sich einen Moderator vor, der nach einer Podiumsdiskussion das Publikum auffordert Fragen zu stellen. Einmal öffnet er dabei lächelnd die Arme, blickt ins Publikum und macht eine auffordernde Handbewegung. Ein anderes Mal lehnt er sich im Stuhl zurück, hält den Blick auf die Tischplatte gesenkt und die Arme verschränkt. Im ersten Fall wird das Publikum seine Aufforderung annehmen, und eine rege Diskussion wird in Gang kommen. Im zweiten Fall wird es dem Moderator unterstellen, er wolle lieber keine Fragen mehr, sondern möglichst schnell nach Hause. Kaum ein Zuhörer wird es wagen noch zu fragen.

Wissen dieser Art können wir nicht lernen. Wir sind vielmehr darauf programmiert, dass solche Gesten automatisch wahrnehmbar werden.

Wie Sie durch Ihren Körper sprechen

Körpersprache ist ein grundsätzliches Element unseres Ausdrucks. Dadurch vermitteln wir unserem Gegenüber entscheidende Botschaften. Innere Haltungen, Emotionen und Gefühle finden Ihre Äußerung hauptsächlich über unsere Körpersprache. Die Basisinformationen in der Körpersprache anderer kann unsere Wahrnehmung im Gespräch unglaublich schnell und sicher – wenn auch meist unbewusst – entschlüsseln. Interessant ist, wie sich im Laufe der Evolutionsgeschichte unsere Gestik und Mimik immer weiter verfeinert haben.

Vorsicht vor bewusst eingesetzter Gestik

Sobald Sie Ihre Gestik bewusst einsetzen wollen, wirkt sie unnatürlich. Der Eindruck, den Sie damit bei Ihrem Gegenüber auslösen, lautet: „Irgendetwas will er mir doch verbergen. Hier stimmt doch etwas nicht." Sie erreichen damit nur, dass sich der andere zurückzieht. Ausladende und übertrieben schauspielerische Gesten sind allenfalls bei einem Vortrag oder einer Rede vor größerem Publikum angemessen.

Betrachten Sie die Gestik anderer

Achten Sie bewusst auf die Gestik Ihres Gegenübers. Versuchen Sie, sich klar zu machen, warum Ihr Gegenüber so auf Sie wirkt, wie er es tut und nicht anders. Eine abgehackte, nicht fließende, oder hektische Gestik gibt Aufschluss über den Grad der inneren Unausgeglichenheit eines Menschen. So leicht lernen Sie von anderen.

Wohin weisen die Hände?

Neben dem Kopf, den Armen, dem Oberkörper und den Schultern spielen die Hände *die* zentrale Rolle für den körpersprachlichen Ausdruck. In welche Richtung zeigen Ihre Hände oder die eines Gesprächspartners oder Redners? Nach außen, nach innen oder in beide Richtungen? Werden die Arme und Hände vornehmlich vom Körper weg oder auf ihn zu bewegt? Welche Formen beschreiben sie? Welche Geschichten erzählen sie?

Beobachten Sie, ob Sie selbst oder andere ihre Hände einsetzen, um ihre Gesprächspartner mit ihren Botschaften in der Tiefe zu erreichen, und ihnen so zusätzliche Kraft zu geben, die sie durch Worte allein niemals erreichen würden. Schauen Sie, ob Ihre Hände Ihre Worte auf der nonverbalen Ebene dabei stimmig unterstützen.

Wie Sie sich vorstellen können, ist eine auffallende Überbetonung in die eine oder andere Richtung ein Ausdruck fehlenden Gleichgewichts in Ihrem Vortrag.

So wirkt Ihre Gestik natürlich

Patentrezepte für eine in sich stimmige Gestik gibt es nicht. Wer entspannt ist und mit sich selbst im Reinen, braucht keine Regeln. Er muss sich an keine erlernten Posen oder Ausdrucksmuster erinnern, um sie nachzuspielen. Das Wichtigste ist, dass Sie sich von dem Druck befreien, immer alles richtig machen zu müssen. Verlassen Sie sich ruhig auf Ihre Intuition. Eine natürliche Gestik unterstreicht ganz selbstverständlich, was Sie gerade sagen und fühlen, von innen:

Ob Sie etwas mit Nachdruck forcieren, ob Sie unsicher oder souverän sind. Ständiges Herumkorrigieren an sich macht nur unsicher und lässt auf Dauer jeden gesunden Instinkt für natürlichen Ausdruck verkümmern.

Eine unverfälschte Gestik, die Ihnen Präsenz und Ihren Worten natürliches Gewicht verleiht, entsteht aus:

- einer entspannten, zentrierten Körperhaltung, wie wir Sie oben beschrieben haben,
- einem bewussten Gefühl für Ihren Atem und Herzschlag,
- einer bejahenden Haltung sich selbst und dem eigenen Körper gegenüber,
- einem Vertrauen auf Ihre Wahrnehmung, an der sich Ihre Worte und Gestik orientieren dürfen.

So wird Ihr gestisches Spiel zu einer authentischen und kraftvollen Unterstützung Ihrer Anliegen. Ihre Gestik wird das, was Sie vermitteln wollen, weder verzerren noch wird sie Ihre Zuhörer ablenken oder gar auf eine falsche Fährte locken.

Nicht authentische Gewohnheiten ablegen

Was ist mit all den nicht authentischen Gewohnheiten, die andere verwirren, die wir selbst jedoch gar nicht wahrnehmen? Angewohnheiten, die dem widersprechen, was wir eigentlich vermitteln möchten. Wie legen wir sie ab?

Die einfachste Methode ist die Selbstbetrachtung. In unseren Workshops verwenden wir hierzu Foto- und Videodokumentation. Sie selbst sind Ihr bester Kritiker. Wenn Sie sich auf einem Video – möglichst ohne Ton – sehen, erkennen Sie, wo

Ihr körpersprachlicher Ausdruck nicht zu Ihren Worten passt. Dies führt oft zu einem Aha-Erlebnis à la: „Ja klar, wenn ich ständig mit den Händen ringe, würde ich mir auch nicht trauen." Solche Einsichten reichen aus, damit sich Ihr Vertrauen in Ihre Selbstwahrnehmung stärken kann und Sie immer sicherer intuitiv handeln können – ohne dass Sie irgendwelche Regeln auswendig lernen und beachten müssten. Videoaufzeichnungen machen darüber hinaus deutlich, wie es um Ihren Selbstwert bestellt ist. Akzeptieren Sie sich so, wie Sie sind?

> Ein niedriger Selbstwert untergräbt Ihr Sein.

Die folgenden Übungen unterstützen, dass Ihre Gestik Ihre Absichten natürlich ausdrückt und Ihr emotionales Selbstwertempfinden darüber weiter wächst.

Übungen: Natürliche Gestik

Die folgenden Armübungen haben einen doppelten Nutzen. Zum einen erfahren Sie, wie Sie Ihre Arme in verschiedenen Positionen entspannt ablegen oder fallen lassen können. Zum anderen regen sie die für eine natürliche Gestik erforderlichen Körpersysteme in der Tiefe an.

Übung: „Der Schmetterling"

1 Begeben Sie sich wieder in eine zentrierte, balancierte Sitzhaltung (die wichtigsten Stichworte zur Erinnerung: Sitzhöcker und Lendenwirbelsäule!). Fühlen Sie Ihren Atem und Herzschlag.

2   Heben Sie nun beide Arme gleichzeitig und möglichst langsam seitlich an, ohne die Ellenbogen ganz durchzudrücken. So weit, bis eine starke Spannung im Bereich der Schulterblätter fühlbar wird. Halten Sie Ihre Arme etwa drei Sekunden in dieser Position. Lassen Sie sie dann unvermittelt fallen. Spüren Sie das Gewicht Ihrer Arme. Achten Sie darauf, dass Ihr Atemfluss nie unterbricht.

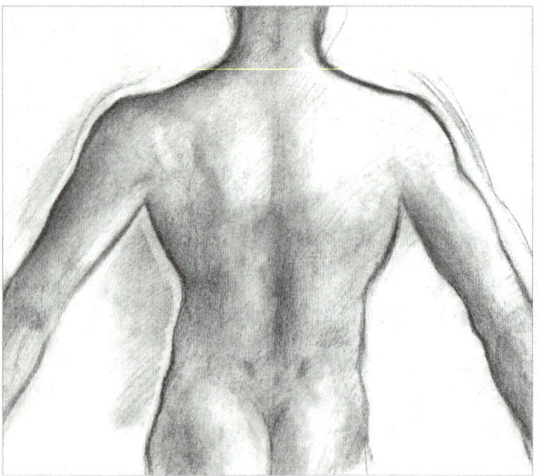

3   Heben Sie nun Ihre Arme ein weiteres Mal an, bis Sie wieder an *den* Punkt gelangen, wo die Spannung im Bereich der Schulterblätter plötzlich stark zunimmt. Spielen Sie nun analog zu den Ihnen bereits bekannten Übungen mit diesem Grenzbereich. Tasten Sie sich langsam von unten an diesen Punkt heran. Auf diese Weise

finden Sie *diejenige* Position, wo Sie nur ein Minimum an Muskelkraft aufwenden müssen, um Ihre Arme zu halten. Bleiben Sie etwa drei Sekunden in dieser Position. Lassen Sie Ihre Arme dann wieder ohne jede Führung fallen.

4   Wiederholen Sie die Übung nach etwa fünf Sekunden. Nur mit dem Unterschied, dass Sie zum Abschluss Ihre Unterarme nach vorne in Richtung Körpermitte einklappen. Führen Sie die Unterarme vor dem Körper übereinander und bleiben Sie drei Sekunden in dieser Position. Lassen Sie Ihre Arme nun wieder nach unten fallen. Ihre Arme müssten auf den Oberschenkeln aufschlagen.

Diese Übung zeigt Ihnen, wie Sie im Sitzen weit gefasst gestikulieren können, ohne dass ausladende Gesten überzogen wirken – egal ob Sie vor einem Tisch sitzen oder frei im Raum stehen. Solange sich Ihre Bewegungen innerhalb der in der Übung erfahrenen Spannungsgrenzen befinden, wirkt ihr Ausdruck entspannt und natürlich. Sobald Sie diesen Punkt jedoch überschreiten, wirkt Ihre Gestik angespannt bis unnatürlich.

> Diese einfache Übung kann Ihnen helfen, um bei längerem Sitzen an einem Schreib- oder Besprechungstisch entspannt zu bleiben.

Übung: „Baggerschaufel"

1   Sie sitzen zentriert. Ihre Unterarme liegen auf den Ober-
    schenkeln. Drehen Sie die Arme so, dass die Handflächen
    nach oben zeigen. Heben Sie nun analog zur vorherigen
    Übung Ihre Unterarme wie ein Bagger seine Schaufel an.
    In Zeitlupentempo, so langsam wie möglich.

2   Achten Sie auch hier auf *den* Punkt, wo Ihr Bizeps
    plötzlich wesentlich mehr Kraft aufwenden müsste, um
    das Eigengewicht Ihrer Unterarme noch weiter anzuhe-
    ben. Ihre Unterarmmuskulatur sollte dabei vollkommen
    entspannt sein. Am einfachsten erkennen Sie dies daran,
    dass Ihre Hände während der Bewegung nach unten
    hängen.

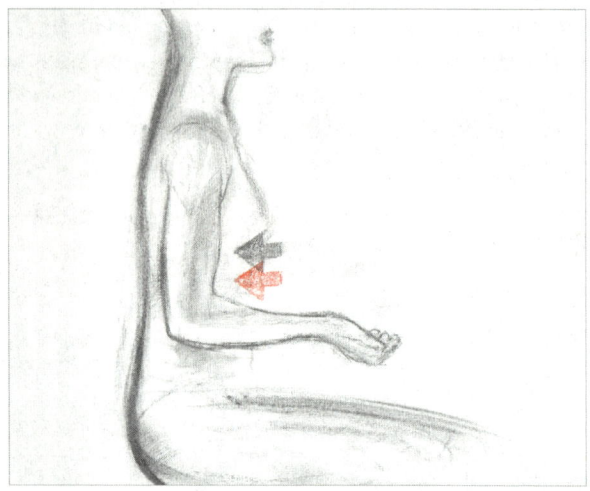

3   Halten Sie Ihre Unterarme etwa drei Sekunden an diesem Punkt. Lassen Sie sie dann wieder auf Ihre Oberschenkel fallen.

4   Wiederholen Sie diese Übung nach etwa fünf Sekunden Pause. Spielen Sie wieder mit diesem Punkt.

Auch in dieser Übung beschreibt der Punkt, der bei weiterer Aufwärtsbewegung eine plötzlich sprunghaft erhöhte Muskelspannung (= Spannungspunkt) nach sich ziehen würde, die Grenze Ihrer momentan möglichen natürlichen Gestik.

Übung: „Willkommensgruß"

1   Strecken Sie Ihre Arme leicht geöffnet nach vorne. So als wollten Sie jemandem entgegengehen, den Sie herzlich willkommen heißen. Lassen Sie Ihre Hände dabei locker.

2   Fühlen Sie auch in dieser Bewegung den Spannungspunkt im Muskel. Er liegt bei dieser Bewegung am oberen Ende des Bizeps (dem vorderen Oberarmmuskel) und im Trizeps (dem hinteren Oberarmmuskel).

3   Tasten Sie sich Millimeter für Millimeter an diesen Punkt heran, während Ihre Atmung weiter fließt. Nehmen Sie nach etwa drei Sekunden Ihre Unterarme wieder zurück und lassen Sie sie auf die Oberschenkel fallen.

Solange Sie innerhalb der Ihnen mittlerweile fühlbaren Spannungsgrenze bleiben, wirkt Ihre Geste bei geöffneten Handflächen tatsächlich einladend. Überschreiten Sie diese Grenze, wirkt die gleiche Gebärde nicht mehr einladend, sondern fordernd, manchmal sogar bettelnd.

Test

Machen Sie daraus ein kleines Spiel. Laden Sie sich Freunde ein und erfahren Sie dies einmal miteinander. Sie werden erkennen, wie schnell sich die Ausstrahlung eines anderen Menschen bei dieser Geste von einer einladenden in eine fordernde oder gar bettelnde wandeln kann.

Die gleiche Bewegung verwenden wir auch zur non-verbalen Unterstützung von Fragen. Zum Beispiel, wenn Sie einen Workshop moderieren. „Meinen Sie das auch wirklich so, Herr Kollege?" „Sind Sie davon überzeugt?" Auch hier würde eine Überdehnung unglücklich wirken. Wie eine Forderung oder ein Unter-Druck-Setzen Ihres Gegenübers.

Wiederholen Sie nun noch einmal die Übung „Der Schmetter-ling".

Übung: „Film ab!"

Für diese Übung benötigen Sie eine Videokamera oder Web-cam. Auch wenn Ihnen das Gefilmtwerden, wie den meisten Menschen, unangenehm ist – lassen Sie sich darauf ein! Wenn Sie Ihre Ausstrahlung wirklich verbessern wollen, ist dies eine der effektivsten Übungen.

1   Platzieren Sie zu Hause eine Videokamera oder Webcam so, dass Ihr Oberkörper im Bild ist.

2   Beginnen Sie diese Übung in einer zentrierten, aufrechten Haltung und achten Sie vor dem Start der Aufzeichnung auf Spannungen in Ihrem Körper – vor allem im Kopf-Nacken-Schulterbereich, in Armen und Händen.

3 Lassen Sie Ihre Hände locker hängen und entspannen Sie sich. Besinnen Sie sich auf Ihre Körpermitte. Vielleicht hilft es Ihnen, wenn Sie Ihre Hände dazu kurz auf den Bauch unterhalb des Nabels legen.

4 Erzählen Sie der Kamera nun eine kleine Geschichte. Zum Beispiel von Ihrem Arbeitsweg heute morgen, vom Frühstück mit der Tochter oder von Ihrem letzten Urlaub. Eine Minute reicht schon.

5 Schauen Sie sich anschließend in einem ersten Durchlauf die Aufzeichnung ohne Ton an. Achten Sie nur auf Ihre Körpersprache. Fragen Sie sich: Wenn dieser Mensch auf der Mattscheibe mein Klient wäre, was würde ich ihm raten? Versuchen Sie, sich so neutral wie möglich zu betrachten. Unabhängig davon, was Ihnen dieser Mensch gerade erzählt. Notieren Sie, was Ihnen auffällt.

6 Vergleichen Sie dies nun mit dem, was Sie mit Worten zum Ausdruck gebracht haben. Hat Ihre Gestik den Inhalt Ihrer Geschichte unterstützt oder den Betrachter eher verwirrt?

7 Schauen Sie sich die Aufzeichnung ein zweites Mal an. Jetzt mit Ton. Fragen Sie sich wieder: Wenn das mein Klient wäre, was würde ich ihm raten, was vermittelt er mir? Wirkt er überzeichnet, selbstsicher oder genervt, gereizt oder getrieben, unsicher oder präsent? Entspringen seine Bewegungen einem tiefen inneren Gleichgewicht? Ist sein Auftritt in sich stimmig?

Verurteilen Sie sich nicht, wenn Ihnen etwas unangenehm oder merkwürdig Anmutendes auffällt. Es wird Ihnen helfen, sich einmal als neutraler Betrachter zu sehen, und Sie leichter zu einem wieder natürlicheren Ausdruck inspirieren. Auf keinen Fall sollten Sie gegen das vermeintliche Übel kämpfen! Das würde nur diejenigen Elemente in Ihnen stärken, die diese Effekte ursächlich erzeugen. Sie bewirken mehr, wenn Sie mit einem entspannten „Aha, so wirke ich also!" reagieren – ehrlich bejahend und lächelnd sich selbst gegenüber.

Wie Sie auf andere wirken

Selbstzweifel und Unsicherheiten müssen nicht sein – je klarer Ihre Wahrnehmung für Selbst- und Fremdbild ist, desto leichter wird sich Ihre natürlich-positive Ausstrahlung aufbauen.

Lesen Sie in diesem Kapitel,

- warum sich Selbst- und Fremdbild unterscheiden,
- wie Sie sich und anderen natürlich-souverän begegnen und
- wie Ihnen Lachen zu einer stärkeren Ausstrahlung verhilft.

Selbst- und Fremdbild erkennen

Nichts beschäftigt uns so sehr, wie das, was andere von uns denken, was sie von uns halten, wie sie uns einschätzen. Ein Vorstellungsgespräch ist eine Extremsituation in dieser Hinsicht. Doch auch im Berufsalltag fragen wir uns manchmal, wie wir auf andere wirken. Unsere Unsicherheit rührt daher, dass unsere Selbstwahrnehmung nicht selten von dem abweicht, wie uns andere wahrnehmen und empfinden.

Wie wir wirken

Unsere Ausstrahlung setzt sich aus uns bewussten und unbewussten Elementen unseres Daseins zusammen. Sicher haben Sie das schon erkannt.

Beispiel:

Sie leiten eine Projektgruppe und sehen immer mehr Probleme. Sie werden zunehmend unsicher und fragen sich, ob das Projekt überhaupt Zukunft hat. Niemand in Ihrem Umfeld bemerkt etwas davon. Im Gegenteil, alle bewundern Ihr zielstrebiges Vorgehen. Als Sie endlich mit einem befreundeten Kollegen darüber sprechen, was in Ihnen vorgeht, versichert er, dass Sie stets nur Positives im Zusammenhang mit dem Projekt ausstrahlen. Tatsächlich haben Sie es nie wirklich in Frage gestellt, sie hatten lediglich Zweifel, den hoch geschraubten Erwartungen nicht gerecht werden zu können. Ihre tiefe Verbindung mit dem Sinn des Projekts, der für Sie bewusst gar nicht zugänglich war, hat Ihnen zu dieser Ausstrahlung verholfen.

Oft arbeiten uns unbewusste Kräfte nicht immer *für* uns. Oft verstehen wir nicht, warum andere unsere Gefühle und Gedanken nicht erfassen, weil uns nicht bewusst ist, dass wir widersprüchliche Botschaften senden. Selbst- und Fremd-wahrnehmung klaffen oft viel weiter auseinander, als wir dies für möglich halten. Worin sie sich unterscheiden ist nicht immer leicht erkennbar.

Warum schätzen wir uns anders ein als andere?

Worin liegt diese Auseinanderklaffen von Selbst- und Fremd-wahrnehmung? Warum wissen wir nicht, wie wir auf andere wirken? – Eine mögliche Antwort liegt in der Struktur unseres Kollektivs. Wir sind von klein auf trainiert worden, unsere Aufmerksamkeit vor allem nach außen zu richten, um Mei-nungen, Regeln, Normen, Erwartungen und Hoffnungen an-derer zu erfüllen. Gelingt uns das, werden wir belohnt, schei-tern wir damit, „verlieren" wir. Sie nach innen zu richten, ist dadurch meist zu kurz gekommen.

Die Umwelt als das Maß der Dinge

In solchen Fällen bildet sich in uns oft ein Mechanismus, der uns ständig fragen lässt: Liegen wir mit unserem Verhalten richtig oder nicht? Werden wir von anderen anerkannt oder nicht? Dieser Mechanismus ist zunächst, vor allem in der frühen Kindheit, überlebenswichtig.

Gefährlich wird es jedoch, wenn er sich später verselbst-ständigt und sich das Zentrum unserer Wahrnehmung dabei immer mehr nach außen verschiebt. Wenn wir uns unbewusst ausschließlich an den Erwartungen anderer ausrichten, ja fast zwanghaft versuchen, es anderen recht zu machen, um anerkannt zu werden, besteht die Gefahr, dass wir uns selbst verlieren. Es entsteht unbewusst ein Bild von uns in uns, das den Strukturen unserer Umwelt angepasst ist. Es soll uns sichern, dass wir von anderen anerkannt, geschätzt, respektiert und geliebt werden. Doch das wird immer mehr zur Illusion.

Die gefährlichen Wunschbilder unseres Ichs

Die Vorstellung, wer wir scheinbar gerne wären, wird schnell zum alleingültigen Ideal. Wir leben irgendwann in einer Scheinrealität. Die Selbstwahrnehmung passt sich den Wünschen unseres Ego an, nicht aber unserer wahren inneren Identität. Dieser Mechanismus führt dazu, dass sich Selbst- und Fremdbild immer mehr voneinander unterscheiden. Die übertriebene Angst vor Videoaufzeichnungen und Fotoaufnahmen ist häufig ein Hinweis darauf. Wir haben letztlich nur Angst davor, dass die „Lüge" auffliegt, dass das Selbstbild der eigenen, wahren Identität nicht oder nur teilweise entspricht: Wir sind in Wunschprojektionen unseres Ichs gefangen.

Um keine Missverständnisse aufkommen zu lassen: Wunschbilder können auch eine positive Motivation für Veränderungen sein. Die Frage ist, woher sie kommen. Entspringen sie unserem Inneren, oder sind sie ein Ziel, das von unserem Ich oder von außen an uns herangetragen wurde, und dem wir nun, koste es, was es wolle, zu entsprechen suchen. „Ist ja gut und schön", werden Sie nun vielleicht sagen, „aber wie soll ich das unterscheiden?"

Mehr Gewicht dem Fühlbaren

Darauf gibt es eine Antwort. Wenn es uns gelingt die einseitige Priorität, die wir unserem Ich aus Gewohnheit einräumen, ein wenig aufzubrechen, und alles fühlbar Werdende als Teil unserer Realität anzuerkennen, wissen wir irgendwann intuitiv, was zu uns passt oder nicht. Diese Wahrnehmungskanäle gilt es wieder zu fördern. Erstrebenswert ist, ihnen ebenso viel Wirklichkeitsbezug zuzutrauen wie den Einschätzungen unseres Ich. Das macht uns freier und offener, denn wir unterdrücken keinen Teil unserer Wahrnehmung mehr. Das spielt für eine adäquate Selbstwahrnehmung wie für eine stimmige Wahrnehmung anderer eine bedeutende Rolle. Vielleicht können Sie die folgenden Bemerkungen überzeugen, dass der Wahrnehmung des fühlbar Werdenden nicht weniger Platz einzuräumen ist, als der Welt des Ichs.

Ratio und Ich gegen Gefühl?

Die Kultur der westlichen Welt hat uns gelehrt, dieser Wahrnehmungsebene zu misstrauen und allein den rationalen Teil unseres Denkens als die einzig gültige Wahrheit anzusehen. Trotzdem die neuere Hirnforschung bewiesen hat, dass der Anteil fühlbarer Wahrnehmung an Entscheidungsprozessen bedeutend höher ist, beharren wir unbewusst auf unseren Vorbehalten gegenüber dieser Ebene. Dabei ist unser Ich ein höchst konservativer Kamerad. Es schafft aus unseren individuellen Erfahrungen, unserem Faktenwissen und den durch die Familie weitergegebenen Gewohnheiten so genannte emotionale Überlebensmuster. Alles, was bedrohlich scheint oder zu emotionalen wie körperlichen Schmerzen führen könnte, soll a priori vermieden werden – ohne zu wissen, ob dies überhaupt real ist oder nicht.

Wie emotionale Überlebensmuster entstehen

Das Ich reagiert auf so genannte negative Erfahrungen und leitet daraus unter Zuhilfenahme des Verstandes Handlungsmuster ab, die erneute Misserfolge verhindern sollen. Die Möglichkeit positiver Ergebnisse aus demselben Verhalten zieht unser Ich nicht in Betracht – doch damit wird unser Handlungspotenzial eingeschränkt und unser Selbstbewusstsein geschwächt.

Das Zusammenspiel von Ich und Verstand sollten wir kennen und versuchen zu realisieren. Nur so können wir langsam von ihren hemmenden und manipulierenden Einflüssen freier werden. Andererseits weisen sie uns aber genau darauf hin, was aus Sicht unseres Inneren gelernt werden möchte.

Die Kenntnis dieses Zusammenspiels kann also sinnvolle Entwicklungen unterstützen. Sind wir uns dessen nicht bewusst, geraten wir in ein vom Ich getriebenes Verhalten, das gerade in unserer immer komplexer werdenden Welt nicht immer das erfolgreichere ist.

Neue Impulse setzen

Hier sind unsere Kreativpotenziale gefragt. Nur wenn wir uns Neuem öffnen, kann sich unsere Realitätswahrnehmung erweitern. Die Visionäre unserer Zeit haben genau diese Fähigkeit. Sie lassen verschiedene Impulse zum Zug kommen. Den Verstand nutzen sie nur, um ihre intuitiven Eingebungen zu formulieren, in Struktur zu bringen und minutiös umzusetzen. Neue Trends und ungeahnte Möglichkeiten *werden* Ihnen jedoch bewusst.

Auch wenn die Unterscheidung zwischen Ich und fühlbarer Wahrnehmungsebene mit der Funktionalität unseres Gehirns wenig zu tun hat – im Alltag kann sie sehr hilfreich sein. In diesem Sinne können wir nur immer wieder dafür plädieren: Räumen Sie dem, was fühlbar werden möchte, mehr Raum ein: Lassen Sie all das in Ihr Bewusstsein treten und nutzen Sie den Verstand, Ihre Visionen und Eingebungen ins Leben zu bringen. Jeder, der dies beherzigt, hat das Zeug zum Visionär!

Wie gehen Sie mit sich um?

Noch einmal zurück zu Ihrer Selbstwahrnehmung. Die Wahrscheinlichkeit, dass Ihre Selbstwahrnehmung einigermaßen realistisch ist, lässt sich mitunter daran erkennen, wie Sie mit sich umgehen.

Beispiel:

Sie haben vielleicht einen solchen Kollegen in Ihrem Betrieb: Er sitzt schon frühmorgens am Schreibtisch, ist ständig in Hektik und überarbeitet, rennt nur durch die Gänge. Wenn man mit ihm spricht, tastet er ständig das Umfeld mit den Augen ab, ist in Gedanken stets beim nächsten Thema und hört nie so richtig zu. Dadurch prallen wichtige Informationen an ihm einfach ab, die ihm aber überflüssige Aktivitäten erspart hätten. Irgendwann geht seine Ehe kaputt, weil er auch für seine Familie nie Zeit hatte. Er hat sich ja ohnehin schon alle Beine ausgerissen, wie hätte er das denn auch noch schaffen sollen?

Für Sie als Außenstehenden ist klar: Er hätte nur mal „runterkommen" müssen, sich einfach auf die Dinge, die er gerade tut, und nicht immer auf alles gleichzeitig einlassen sollen. So hätte er Ruhe in die Sache gebracht, Prioritäten setzen können und Zeit gewonnen. Die Selbstwahrnehmung Ihres Kollegen aber sieht sicherlich völlig anders aus. Er denkt, er allein schufte sich hier für alle kaputt, nur er sehe auch die zukünftigen Probleme und die anderen legten ihm auch noch Steine in den Weg. Statt auf Verständnis zu treffen, stößt er nur auf Hindernisse.

Solche Menschen bewegen sich permanent im „roten Drehzahlbereich", überfordern sich ständig und fragen nicht mehr nach eigenen Bedürfnissen. Auf diese Weise verliert sich ein gesundes Gespür für und den Kontakt zu sich selbst. Vor allem die Fähigkeit diesem instinktiven Gespür entsprechend handeln zu können. So gesehen kann ein Divergieren von Selbst- und Fremdwahrnehmung ein Anzeichen sein, wie wir wirklich mit uns umgehen.

> Je unreflektierter wir mit uns umgehen, je negativer oder übertrieben positiv wir uns beurteilen, desto größer ist die Gefahr, dass ein Selbstbild in uns entsteht, das kaum noch mit der inneren Realität unserer Seele im Einklang ist. Jede positive Ausstrahlung geht dabei obendrauf völlig verloren.

Bleiben Sie sich treu

Dieses Verhalten hat viel mit mangelnder Selbstachtung zu tun. Betrachten Sie sich selbst bejahend und liebevoll oder wenigstens respektvoll und anerkennend. Begreifen Sie Ihre Misserfolge als notwendigen Teil Ihrer Entwicklung, ohne ständig auf sich herumzutrampeln. Die Palette der gegen sich gerichteten Verneinungen ist weit gefasst. Sie reicht von stiller, unbewusster Verachtung bis hin zu sarkastischer Selbstironie, die Ihr Innerstes in Frage stellt und schwächt.

Das bedeutet natürlich nicht, dass jede Selbstkritik grundsätzlich unangemessen wäre. Wir haben zu Beginn des Buches bereits darauf hingewiesen: Wichtig ist das Wie. Wenn Sie sich ohne Distanz und nur auf Basis Ihrer Forderungen an sich selbst beurteilen, werden Sie sich aburteilen, jede Niederlage als persönlichen Makel verbuchen und irgendwann Aggressionen gegen sich selbst entwickeln. Dabei entfernen Sie sich aber immer mehr von sich. Selbstzweifel werden genährt, Ihr Selbstbewusstsein untergraben. Die Folge ist: Angst. Angst vor erneutem Scheitern. Und die Angst kann wiederum „die Angst vor der Angst" provozieren. Mit der Folge, dass Ihr Ich noch komplexere Vermeidungsstrategien bildet.

Wo liegen Ihre wahren Bedürfnisse?

Wenn Sie sich dagegen kritisch, aber von neutraler Warte aus betrachten, werden sich Ihnen erstaunliche Einsichten offenbaren. Nur so gelangen Sie zu mehr Selbsterkenntnis, innerer Kraft und geistiger Reife.

Fragen Sie sich immer wieder, wie Sie sich wirklich begegnen. Wenn Ihnen dies gelingt, wird sich auch nachhaltig etwas ändern können. Versuchen Sie, Ihren inneren Bedürfnissen gerecht zu werden. Trauen Sie sich, Ihre geheimsten Wünsche zu artikulieren und vor sich zu bejahen. Gehen Sie ehrlich mit sich um – denn so, wie Sie mit sich umgehen, werden auch andere mit Ihnen umgehen!

Sich und anderen natürlich-souverän begegnen

Im experimentellen Umfeld wirkt immer alles ganz einfach. Da sind wir sicher, dass wir alles im Griff haben, dass wir in uns ruhen und alles souverän meistern können. Doch die Wirklichkeit ist anders. Die Menschen in unserem Umfeld beurteilen uns nicht alle gleich, wir stoßen immer wieder auf Ablehnung, fühlen uns ungerecht behandelt, zweifeln an uns und unseren Fähigkeiten. Wie begegnen wir solchen „Provokationen" natürlich-souverän? Wesentlich hierbei ist, dass wir solche Impulse intuitiv in ihrem Kern verstehen.

Lassen Sie sich nicht verunsichern

Wir können die Wahrnehmung anderer nicht steuern. Allzu viele Dinge spielen dabei eine Rolle: persönliche Vorlieben und Abneigungen, Vorurteile, vage Verdachtsmomente, schlechte Laune oder mangelnder Schlaf. Vielleicht hat Ihr Gesprächspartner gerade Schmerzen und beurteilt die Welt allein deshalb ganz anders, als wenn es ihm gut geht.

Beispiel:

Sie kennen dieses Phänomen vielleicht von sich selbst: Sie treffen den Vertreter einer Zulieferfirma, mit der Ihre Firma eng zusammenarbeitet, nennen wir ihn Herrn Müller. Jemand hat Ihnen erzählt, Herr Müller hätte auf einem Fest den Gastgeber aus nichtigem Anlass angebrüllt und wüst beschimpft. Bei jeder Bemerkung, jeder Geste wird Ihnen nun seine vermeintliche Aggressivität auffallen. Später erfahren Sie, dass von einem ganz anderen Herrn Müller die Rede war.

Solche Brillen haben wir nicht selten auf, wenn wir über andere urteilen. Betrachten uns andere durch ihre Raster, haben wir kaum eine Chance, in unserem wahren Sein erkannt zu werden. Sind wir von der Reaktion anderer abhängig, werden wir extrem unsicher und verlieren gänzlich an Ausstrahlung. Es ist also wichtig, dass Sie sich stets klarmachen, dass jeder anders auf Sie reagiert und dass dahinter Gründe stecken können, die mit Ihnen und Ihrem Auftreten gar nichts zu tun haben müssen.

Versuchen Sie nicht, alle für sich zu gewinnen

Beispiel:

> Stellen Sie sich vor, Sie wären in einer Firma zu einem Vorstellungsgespräch eingeladen. Es geht um eine relativ hohe Führungsposition. Die vier Unternehmensleiter der Firma sitzen Ihnen gegenüber, während Sie Ihre Strategie präsentieren, mit der Sie in Ihrem neuen Job erfolgreich werden wollen. Sie spüren eine wohlwollende Atmosphäre im Raum, die Sie beflügelt. Mit der Zeit aber merken Sie, dass zwei der Herren zunehmend skeptisch werden, die beiden anderen jedoch nach wie vor auf Ihrer Seite stehen. Sie werden unsicher und versuchen, auch die beiden skeptischen Unternehmensleiter wieder auf Ihre Seite zu bringen. Die Stimmung schlägt nun jedoch komplett gegen Sie um.

Was ist passiert? Sie hatten sich doch schon erfolgreich präsentiert? Warum der plötzliche Stimmungsumschwung? – Um es vorweg zu nehmen: Hätten Sie sich – anstatt zu versuchen, alle vier für sich zu gewinnen – darauf konzentriert, die bereits sichere Sympathie der beiden anderen Unternehmensleiter zu halten, wäre es nicht zu diesem Desaster gekommen. Von einem größeren Kreis von Menschen können Sie nie hundertprozentige Zustimmung erwarten. Die Gründe für die Ablehnung können dabei, wie wir soeben gesehen haben, vielfältig sein und müssen gar nichts mit Ihnen zu tun haben. Dagegen können Sie nichts tun und sollen es auch nicht. Bleiben Sie in solchen Situationen natürlich-souverän und achten Sie darauf, die bereits gewonnene Sympathie zu halten!

Wie wir andere wahrnehmen

Das intuitive Aufnehmen von Signalen – das ging aus den Kapiteln zur Körpersprache bereits deutlich hervor – ist eine äußerst komplexe Angelegenheit. Nicht nur deshalb sollten wir vorsichtig sein, andere voreilig in Schubladen zu stecken. Unsere Umwelt, unsere Kultur, unsere Familie und individuellen Erfahrungen prägen unsere Bilder der Welt sehr stark – bei jedem Einzelnen von uns in anderer Weise. Wir verknüpfen Dinge miteinander, die unserer Erfahrung nach immer zusammen aufgetreten sind – doch haben sie deshalb tatsächlich miteinander zu tun?

Beispiel:

Sie sind zu einer Vernissage eingeladen und gehen ohne rechte Lust dorthin. Mit moderner Kunst können Sie nichts anfangen und von der Arroganz solcher Künstler hatten Sie in Ihrem Leben schon genug. Mit einem Glas Wein in der Hand betrachten Sie die Gäste. Ein ganz in schwarz gekleideter Herr mit übertriebener Gestik ist wohl der Künstler. Da zieht ein junger, recht normal aussehender Mann in Jeans und einem Cellokasten auf dem Rücken Ihre Blicke an. Er blickt suchend um sich. Sie sprechen ihn freudig an und hoffen auf ein interessantes Gespräch unter

> Gleichgesinnten. Immerhin kennen Sie nur nette Cellisten. Er
> benimmt sich jedoch in geradezu unverschämter Weise ableh-
> nend.

Das Beispiel zeigt, dass uns Erfahrungen oft zu falschen
Rückschlüssen verleiten: Jeans auf einer Vernissage, das bedeutet locker und nicht eitel, und das Cello ist in Ihrer Welt
ohnehin positiv besetzt – denn Sie selbst spielen Cello. Andere
Signale waren für Sie gar nicht wahrnehmbar.

Öffnen Sie Ihren Horizont

Solche Vorurteile beruhen auf einem Mechanismus unseres
Ichs, das von Moment zu Moment automatisch abgespei-
cherte Rückschlüsse aus vergangenen Erfahrungen in die
Gegenwart einspielt – über dieses lineare Ableiten von Ver-
haltensmustern sprachen wir schon. Wir können uns diesen
Automatismus nicht oft genug bewusst machen. Vor allem,
damit wir unseren eigenen Verstrickungen und Vorurteilen
nicht immer wieder zum Opfer fallen und eine offene Welt-
sicht bewahren.

Verschränkte Arme müssen auch nicht unbedingt gleich Ablehnung bedeuten. Vielleicht ist es ja lediglich ein Ausdruck
von Entspanntheit oder eine bloße Angewohnheit unseres
Gegenübers. Vielleicht spricht jemand nicht deshalb leise,
weil er Angst hat oder selbst nicht glaubt, was er sagt,
sondern weil er ein ausgeglichener, in sich ruhender Mensch
ist, der es schlicht nicht nötig hat, laut zu sprechen. Vielleicht
tritt jemand nicht von einem Bein auf das andere, weil er
nichts wie weg will und Sie unsympathisch findet, sondern

weil er Rückenschmerzen hat und das Stehen ihm Probleme bereitet und so weiter.

Schärfen Sie Ihren Blick

Es ist wichtig, dass Sie andere klar und – soweit wie möglich – unabhängig von Ihren Vorurteilen und Vorstellungen betrachten: Dass Sie anderen Menschen mit Ihrem Herzen zuhören und zuerst die Fülle der Verhaltensweisen auf sich wirken lassen, bevor Sie einem spontanen Eindruck erliegen.

Nehmen Sie sich einmal vor, eine Woche lang einem Menschen in Ihrem Umfeld Ihre echte Aufmerksamkeit zu schenken. Die Beschränkung auf zunächst einen Menschen ist wichtig, denn sonst verzetteln Sie sich und fallen zu schnell in alte Schemata zurück. Achten Sie dabei auf Folgendes:

- Lassen Sie sich auf alle Gespräche mit diesem Menschen wirklich ein.
- Hören Sie konzentriert zu.
- Achten Sie auf Ihre körpersprachlichen Signale.
- Betrachten Sie Ihr Gegenüber jeden Tag wach und liebevoll (Kleidung, Gesichtsfarbe usw.).

Sie können auch mit einem Freund oder einer Kollegin vereinbaren, diese Beobachtungen wechselseitig vorzunehmen. Machen Sie sich dazu Notizen und tauschen Sie Ihre Erfahrungen aus. Das schärft Ihre Wahrnehmung.

Solche Übungen können Sie unterstützen, sich selbst und anderen wieder eine klarere Aufmerksamkeit zu schenken. Ihrer

Ausstrahlung wird das nützen, denn Ihre Mitmenschen spüren Ihr echtes Mitgefühl und Ihre Offenheit.

Andere Länder – andere Sitten

Nicht nur unsere individuellen Erfahrungen, auch die Kultur, in der wir aufgewachsen sind, verpasst uns Filter, durch die wir die Welt betrachten. Schon innerhalb Europas können solche Differenzen die Verständigung erschweren: Denken Sie nur daran, dass man in Bulgarien den Kopf schüttelt, um eine Aussage zu bestätigen. Das kann höchst verwirrend sein, wenn man mit derselben Geste Ablehnung verbindet. Dabei ist es in unserer globalisierten Geschäftswelt heute wichtiger denn je, solche kulturellen Umgangsformen zu kennen.

Der Individualabstand ist kulturell geprägt!

Welche körperliche Distanz von unserem Gegenüber wir im Gespräch als angenehm oder unangenehm empfinden, ist nicht etwa allgemein menschlich, sondern kulturell geprägt. Dies verlangt besondere Achtsamkeit, denn die Verletzung unseres Individualabstandes empfinden wir oft als bedrohlich. Ein Gesprächspartner, der uns zu nah auf die Pelle rückt, verkörpert in unserem unbewussten Erleben eine Gefahr – welch fatale Wirkung!

Beispiel:

 In Amerika und Nordeuropa ist den Menschen in der Regel ein Abstand von etwa einem Meter zwanzig angenehm, in arabischen Ländern und Südeuropa kann der als angenehm empfundene Abstand bis auf fünfzehn Zentimeter schrumpfen.

Treffen zwei in dieser Hinsicht extreme Kulturen aufeinander, sind Missverständnisse vorprogrammiert. Während der eine sich ständig bedrängt fühlt, hat der andere das Gefühl, abgewiesen zu werden. Ein auf Vertrauen basierendes Geschäftsklima kann man sich in einer solchen Situation kaum vorstellen.

Achtsamkeit bei interkulturellen Differenzen

Der Individualabstand ist nur ein Beispiel unter vielen. Kulturell unterschiedlich ist daneben auch, wie schnell man bei geschäftlichen Begegnungen auf den Verhandlungsgegenstand zu sprechen kommt. Es kann einen deutschen Geschäftsmann schon mal zur Weißglut bringen, wenn er erst eine halbe Stunde lang über Dinge sprechen soll, die seiner Meinung nach nebensächlich sind.

Es würde hier viel zu weit führen, ins Detail zu gehen, doch kommt es uns darauf an, Ihnen bewusst zu machen, dass unsere Einschätzungen anderer Menschen auch kulturell geprägt sind. Bei der Zusammenarbeit mit ausländischen Geschäftspartnern sollten Sie sich deshalb vorab informieren, ob kulturelle Unterschiede existieren und worin sie gegebenenfalls bestehen. Auf diese Weise schützen Sie sich vor Misserfolge. Denn auch auf Ihre ausländischen Geschäftspartner soll Ihre Ausstrahlung schließlich positiv wirken!

Vertreten Sie Ihre Werte entspannt

Ein weiterer wesentlicher Faktor, der Sie zu einem erfolgreichen Umgang mit anderen Menschen, mit Kollegen und Chefs führt, ist, sich für Ihre Werte und Vorhaben einzusetzen.

Menschen, die sich für ihre Lebensvision, Wertmaßstäbe und Arbeit begeistern können, vermitteln dies ganz absichtslos: Sie strahlen es einfach aus. Von innen fließendes Engagiertsein wirkt positiv. Haben Sie deshalb den Mut, Ihre Werte offen und entspannt zu leben – das verschafft Ihnen Respekt und Sympathie. Es ist nämlich genau umgekehrt, als wir in der Regel denken: Wer im Vagen bleibt, und sich nie festlegt, kann keine starke Ausstrahlung haben.

Exkurs: Lachen mit Erfolg

„Ein heiteres Gesicht ist für den Menschen fast so gut wie Reichtum", hat Benjamin Franklin einmal gesagt. Wir erleben es fast täglich: Nichts wirkt attraktiver als fröhliche Menschen. Sie ziehen uns an, reißen uns mit und verbreiten eine angenehme Atmosphäre. Lachen und Lächeln entspannen uns und verhelfen uns direkt zu einer stärkeren Ausstrahlung. Doch Lachen ist mehr. Positives Empfinden hält uns innerlich und körperlich stabil.

Lachen als Therapie

Über die therapeutische Seite des Lachens hatten wir schon im ersten Kapitel kurz gesprochen. Tatsächlich ist herzhaftes Lachen richtig gesund: Es aktiviert das gesamte Herz-Kreislauf-System und, wenn wir häufig und regelmäßig lachen, stärkt sich sogar unser Immunsystem: Lachen regt die Bildung natürlicher Killerzellen an, die für die Immunabwehr von entscheidender Bedeutung sind.

Schließlich können Sie sich selbst am meisten helfen, wenn Sie ganz bewusst ein freudig strahlendes Gesicht aufsetzen und positive Empfindungen simulieren. Wie wir heute wissen, erzeugt ein bestimmter Gemütszustand nicht nur die entsprechende Mimik, es wirkt auch umgekehrt. Eine Mimik, insbesondere das Lachen, lässt das Gehirn den entsprechenden Gemütszustand erzeugen. Helfen Sie sich also selbst: Lachen und lächeln Sie wieder öfter, auch wenn Ihnen gerade nicht danach zumute ist!

Werden Sie glücklich

Eine ähnlich positive Rückkopplung geschieht im Austausch mit anderen. Lachende, glückliche Menschen wirken anziehend. Sie knüpfen leichter Kontakte, fühlen sich akzeptiert – und glücklich. Psychologen, die sich wissenschaftlich mit dem Lachen auseinandergesetzt haben, fanden heraus, dass sich glückliche Menschen für Eindrücke von außen mehr öffnen und empfänglicher sind.

Humor macht führungsstark

Dass fröhliche Menschen meist besser ankommen als verschlossene, wissen wir. Humor hilft auch, Stress erfolgreich zu bewältigen und unser Leben entspannt zu meistern – so jedenfalls das Ergebnis führender Lachforscher. Humor und Lachen fördern in jedem Fall unsere Ausstrahlung.

Schon in Gruppen von Jugendlichen sind es in der Regel die Humorvollen, die soziale Führungspositionen übernehmen. Offenbar geht mit der Fähigkeit, über sich selbst zu lachen, auch die Fähigkeit einher, die Umwelt offener und damit realitätsnäher wahr zu nehmen. Dass diese Fähigkeit in Führungspositionen wünschenswert ist, liegt auf der Hand.

Mut zur Unvollkommenheit

Eine Definition von Humor kennen Sie alle. Sie stammt von dem Schriftsteller Otto Julius Bierbaum und lautet: Humor ist, wenn man trotzdem lacht. Humor ist eine Fähigkeit, Angriffe anderer unverletzt zu überstehen: Man lächelt darüber. Es ist der Mut zur Unvollkommenheit, eine relativierende Haltung, die uns hilft, uns so zu akzeptieren, wie wir wirklich sind. Humor beruht auf einer realistischen und wachen Einschätzung unserer Möglichkeiten. Gleichzeitig schützt er uns davor, Misserfolge überzubewerten und daran zu zerbrechen. Humor ist die beste Therapie gegen Angst. Humor führt, im Sinne dieses Buches gesprochen, zu mehr innerem Gleichgewicht und drückt sich mitunter dadurch aus.

Glück ist kein Zufall

Sie können aktiv etwas für Ihr Glück tun, auch wenn Sie es nicht nach vorgegebenen Schemata und Regeln erzwingen können: Befreien Sie sich von gängigen Überzeugungshaltungen und Meinungen. Die positive Botschaft dieses Buches lautet: Sie haben im Sinne der Entwicklung Ihres Bewusstseins nur eine einzige Aufgabe – mehr und mehr liebevoll auf sich selbst und Ihre Gedanken zu achten. Denn nur dann kommen Sie mehr und mehr in die Lage, Ihre essenzielle Wahrheit, die Wahrheit eines anderen Menschen und Ihres Umfelds wirklich zu erkennen. Mit anderen Worten: Ihnen wird intuitiv immer bewusster, was Sie stärkt oder schwächt, was in jedem Moment Ihres Lebens möglich ist und wie es möglich ist. Die schlichte Aufmerksamkeit von Herzen, frei von Analyse, Urteilen und Interpretationen, ist die beste Basis und Voraussetzung für ein glückliches und erfolgreiches Leben.

> Gönnen Sie sich öfter einmal ein Lächeln, versuchen Sie das Leben nicht allzu verbissen zu sehen und mit sich und anderen von Herzen liebevoll umzugehen.

Autoren

Dr. Cornelia Topf

Sie ist ausgewiesene Expertin für Kommunikation, Business coach, Trainerin und international gefragte Vortragsrednerin. Ihre Schwerpunktthemen sind überzeugende Rhetorik, souveräne Körpersprache, begeisterndes Auftreten, gewinnende Wirkung, Frau und Karriere. Zu diesen Themen hat sie auch zahlreiche Ratgeber veröffentlicht, darunter viele Bestseller. Der Erfolg ihrer Vorträge und Bücher basiert auf den lebenspraktischen Inhalten und ihrem mitreißenden Stil. Seit über 20 Jahren ist sie Leiterin von metatalk, dem renommierten Augsburger Institut für Kommunikation.

Von Cornelia Topf stammt der erste Teil dieses Buches.

Michael Reiter

Er ist diplomierter Kulturmanager und Musikpädagoge, hat Anfang der neunziger Jahre ACT Authentic Competence Training® entwickelt. Basis dafür war seine jahrelange Bühnen- und Berufserfahrung als Künstler, Moderator, selbstständiger Unternehmer, Unternehmensberater und Coach.

Michael Reiter bietet seine Beratungen, Trainings, Seminare und Workshops für Einzelpersonen, Paare und Gruppen an. Führungskräfte internationaler Konzerne gehören ebenso zu seiner Klientel wie Künstler, Moderatoren und Privatpersonen.

Bekannt ist Michael Reiter durch Fernsehbeiträge und Veröffentlichungen im In- und Ausland. Er gilt seit langem als Experte für authentische Entwicklung von Menschen und Organisationen.

Ihr Kontakt: info@ihre-ausstrahlung.de

Von Michael Reiter stammt der zweite Teil dieses Buches.

Weitere Literatur

„Der feminine Stil. Business-Mode für Frauen" von Silke Frink, 208 Seiten, EUR 19,80, ISBN 978-3-448-08609-6, Bestell-Nr. 00184

„Machtspiele. Die Kunst sich durchzusetzen" von Matthias Nöllke, 229 Seiten, EUR 19,80, ISBN 978-3-448-08053-7, Bestell-Nr. 00088

„Small Talk. Nie wieder sprachlos – das Trainingsbuch", von Stephan Lermer und Ilonka Kunow, 232 Seiten, EUR 19,80, ISBN-978-3-648-02344-0, Bestell-Nr. 00803

Impressum

Bibliografische Information der Deutschen Nationalbibliothek
Die Deutsche Nationalbibliothek verzeichnet diese Publikation in der Deutschen Natio-
nalbibliografie; detaillierte bibliografische Daten sind im Internet über
http://www.d-nb.de abrufbar.

Print: ISBN: 978-3-648-02881-0 Bestell-Nr.: 01318-0001
ePub: ISBN: 978-3-648-02882-7 Bestell-Nr.: 01318-0100
ePDF: ISBN: 978-3-648-02883-4 Bestell-Nr.: 01318-0150

Dr. Cornelia Topf, Michael Reiter
Sympathien gewinnen
1. Auflage 2012

© 2012, Haufe-Lexware GmbH & Co. KG, Munzinger Straße 9, 79111 Freiburg
Redaktionsanschrift: Fraunhoferstraße 5, 82152 Planegg/München
Telefon: (089) 895 17-0
Telefax: (089) 895 17-290
Internet: www.haufe.de
E-Mail: online@haufe.de
Redaktion: Jürgen Fischer

Lektorat: Oliver Neumann, Dr. Ilonka Kunow, Sylvia Rein
Cartoons: BAASKE CARTOONS, 79379 Müllheim, Jules Stauber, Reinhard Alff, papan,
Klaus Puth
Illustrationen: Michael Wirth, Planegg/München
Satz: Beltz Bad Langensalza GmbH, 99947 Bad Langensalza
Umschlag: Kienle gestaltet, Stuttgart
Druck: CPI – Ebner & Spiegel, Ulm